나는 통일을 땡땡합니다

일러두기

1 조선민주주의인민공화국은 '북한'으로, 대한민국은 '남한'으로 표기했습니다.

2 정부 수립 전 한반도는 '한국'으로 표기했습니다.

3 '조선로동당' 등 북한의 고유명사와 북한 원문은 그대로 인용했습니다.

나는 통일을 땡땡 합니다

힐데와소피 편집부 지음

가까운 미래, 대한민국
통일이냐 아니냐,
한반도의 미래를 결정할
역사적인 대국민 투표가 시작됩니다.
한반도 미래위원회 소개처
한반도 미래위원회 소개처
인구통계를 기반으로 선정한
일만 명의 시민들로
한반도 미래위원회를 구성하며...

일만 명의 시민들은
여섯 가지 남북 관계 미래 중에
하나를 선택해야 합니다.
통일이냐 아니냐, 기로에 선 한반도
이번에 정차할 역은
광화문, 광화문 역입니다.
내리실 문은...
이게 오늘부터
였구나.
한반도미래위원회가
당신을 기다립니다.
#당신의_선택_20XX

8천만의 우리민족
외쳐보자 통일 만세!
주한미군 철수반대!
자유 민주 수호!
주한미군 철수하고
민족공조 이뤄내자
북진멸공!
자유통일!
성취하자!
남북노동자 손잡고
열어내자 통일시대!
와... 정말
난리구나.
한남들이!
두배된다!
우리 세금을
무기대신
복지에!

야 그럼 우리
이제 군대
안가냐?
에이 통일 된다고
안가겠냐...
통일은 아직 대박이다
평화경제로
일본을 뛰어넘자
북한 거지떼가
몰려온다!
자본당

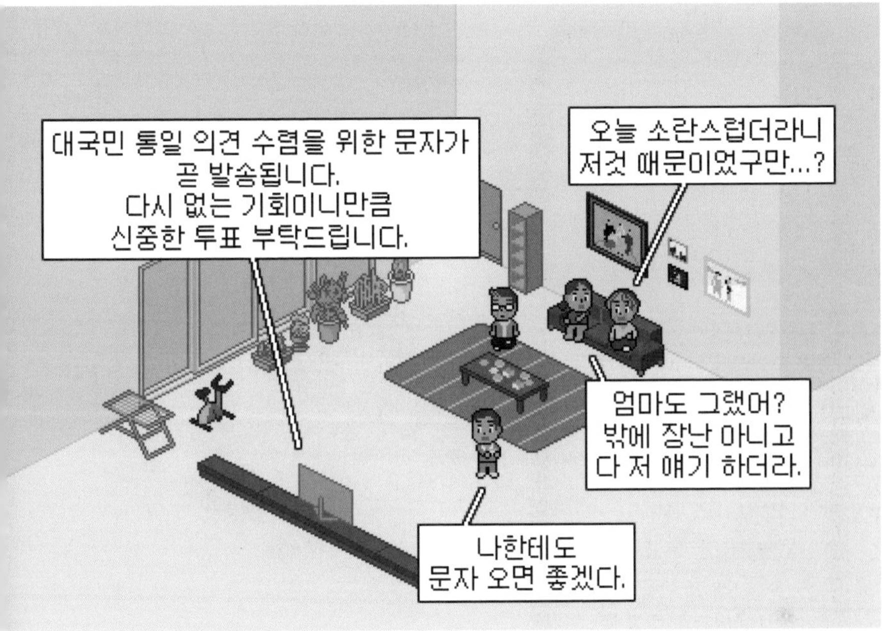
대국민 통일 의견 수렴을 위한 문자가 곧 발송됩니다. 다시 없는 기회이니만큼 신중한 투표 부탁드립니다.
오늘 소란스럽더라니 저것 때문이었구만...?
엄마도 그랬어? 밖에 장난 아니고 다 저 얘기 하더라.
나한테도 문자 오면 좋겠다.

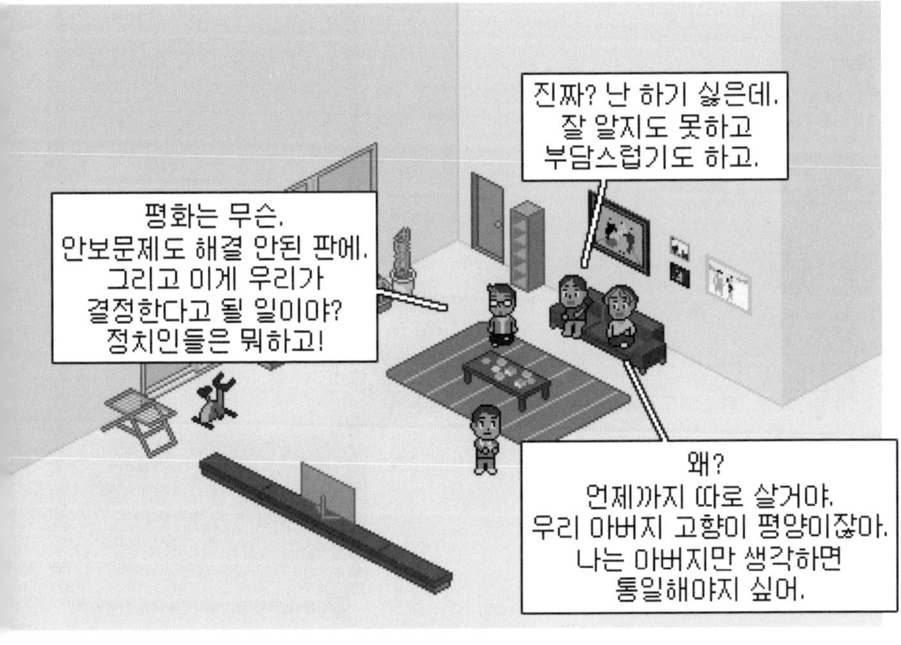
진짜? 난 하기 싫은데. 잘 알지도 못하고 부담스럽기도 하고.
평화는 무슨. 안보문제도 해결 안된 판에. 그리고 이게 우리가 결정한다고 될 일이야? 정치인들은 뭐하고!
왜? 언제까지 따로 살거야. 우리 아버지 고향이 평양이잖아. 나는 아버지만 생각하면 통일해야지 싶어.

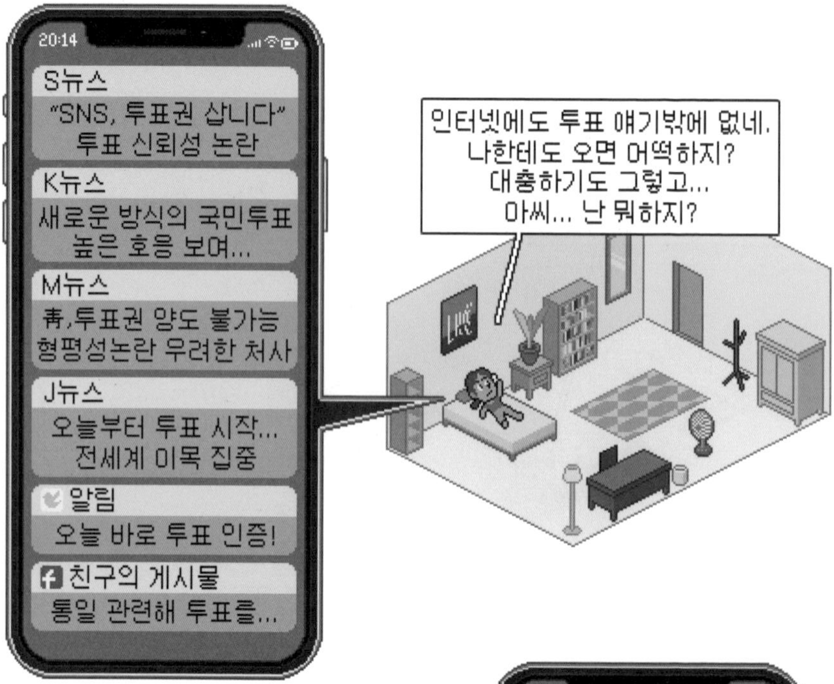
20:14
S뉴스
"SNS, 투표권 삽니다"
투표 신뢰성 논란
K뉴스
새로운 방식의 국민투표
높은 호응 보여...
M뉴스
靑,투표권 양도 불가능
형평성논란 우려한 처사
J뉴스
오늘부터 투표 시작...
전세계 이목 집중
알림
오늘 바로 투표 인증!
친구의 게시물
통일 관련해 투표를...
인터넷에도 투표 얘기밖에 없네.
나한테도 오면 어떡하지?
대충하기도 그렇고...
아씨... 난 뭐하지?

디링♪
헉!
20:19
S뉴스
"SNS, 투표권 삽니다"
투표 신뢰성 논란
K뉴스
발신자:청와대
**귀하는
한반도 미래위원회
위원으로
선정되셨습니다.**
시작하기
오늘 바로 투표 인증!
친구의 게시물
통일 관련해 투표를...

답장 | 전체답장 | 전달 | 삭제 | 스팸신고 | 안 읽음 | 이동 ▼ | ···

[대통령직속한반도미래위원회] 한반도 미래위원회 위원 선정 알림

보낸사람: 대통령직속한반도미래위원회 〈FutureKorea@korea.kr〉
받는사람: OOO님 〈Koreacitizen@korea.com〉

안녕하세요,
대통령 직속 한반도 미래위원회입니다.
한반도 미래위원회는 통일 문제에 대한 사회적 합의를 도출하기 위해 출범한 대통령 직속 자문위원회입니다.

그동안 통일·대북정책은 정부·전문가 주도로 수립되고 국민에게 일방적으로 전달되면서 정책의 국민적 기반을 구축하는 데 미흡한 측면이 있었습니다. 이러한 문제를 해결하기 위해 지난 OO년 O월부터 사회 각계각층의 인사를 망라하여 한반도의 미래와 관련된 연구를 6개월에 거쳐 진행했습니다. 그 결과 총 여섯 가지의 남북관계 유형을 도출했습니다.

한반도 미래위원회 일만 명의 시민은 인구와 지역을 기반으로 분류하여 추출된 표본 집단에서 무작위로 선정했습니다. 선정 결과는 문자와 메일, 우편 등을 통해 개별적으로 알려드렸습니다.

이 제안은 OOO 대통령의 대선 공약이었고 현재는 국정과제로 선정되어 추진되고 있습니다. 이 사회적 합의는 시민의 참여와 소통을 바탕으로 만들어질 것이며, 구체적인 내용도 시민들에 의해 직접 결정될 것입니다.

투표 방법 안내
한반도 미래위원회의 이번 투표는 여러분의 신중한 선택을 돕기 위해 두 단계를 거쳐서 진행할 예정입니다. 먼저 1부에서는 당신이 선호하는 미래 남북관계 형태를 도출합니다.
그리고 2부에서는 통일과 관련하여 자주 언급되는 일곱 가지 질문에 대한 의견을 선택합니다. 1부와 2부의 결과를 참고하여 최종적으로 직접 미래 남북관계 형태를 결정해야 합니다.

대통령 직속 한반도 미래위원회

차례

2부

이 책을 읽는 방법

책의 흐름

1부 선택하기	몇 가지 질문을 거치면 당신이 선택할 가능성이 높은 미래 남북관계 형태에 도달합니다.
↓	
1부 해제 읽기	내가 왜 이 형태에 도달했는지, 다른 미래 남북관계 형태는 무엇이 있는지 확인합니다.
↓	
2부 선택하기	일곱 가지 질문에 답하면서 1부 결과와 당신이 선택한 근거가 적합한지 점검합니다.
↓	
2부 해제 읽기	2부 선택하기 내용이 미래 남북관계 형태와 어떻게 관련이 있는지 확인합니다.
↓	
최종결정하기	1부와 2부의 결과를 비교하여 선호하는 미래 남북관계 형태를 최종결정합니다

두 번 읽는 책

처음 읽을 때는 책의 지시에 따라 읽어주세요.
당신이 어떤 미래 남북관계 형태를 선호하는지
확인할 수 있습니다.

두 번째 읽을 때는 지시를 따르지 말고 처음부터 끝까지
책 전체를 읽어 보세요.

준비해야 할 것

충분한 시간
출퇴근 시간의 지하철이나 자기 전 침대 위에서 읽는 것은
피해 주세요. 충분한 시간을 확보하고 독서에 임해 주세요.

워크시트
워크시트는 책에 접힌 상태로 끼워져 있습니다.
워크시트가 추가로 필요하다면 힐데와소피 홈페이지에서도
다운로드하여 사용할 수 있습니다.
www.hildeandsophie.xyz 혹은 힐데와소피를 검색하세요.

필기도구
기록할 수 있는 연필이나 펜 한 자루가 필요합니다.

규칙 알아보기

오른쪽 기호를 참고하여
책의 내용과 워크시트에 있는
지시를 따르세요.
책에 아무 지시가
표시되어 있지 않다면
다음 장으로 넘어가세요.

이 기호는 **질문에 대한 해설**을 의미합니다.

이 기호는 **두 가지 입장**을 의미합니다.

이 기호가 나오면 **워크시트**에 **기록**합니다.

이 기호가 가리키는 **쪽**으로 **이동**합니다.

질문 읽는 방법

〈1부〉

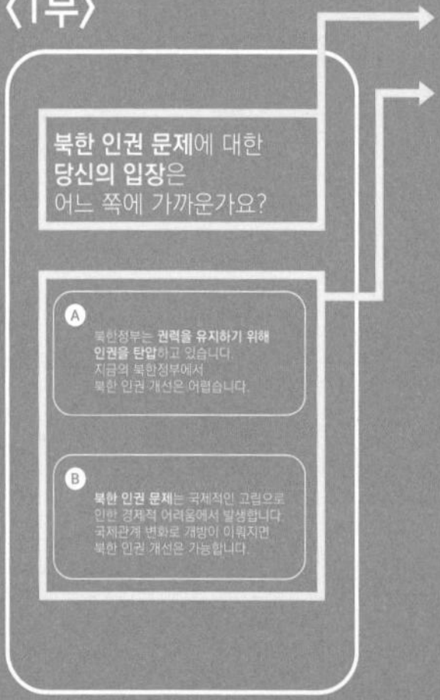

① **질문을 읽습니다.**
② 선택지를 읽고 **당신의 의견은 어디에 가까운지 생각합니다.**
③ 다음 쪽에 **이어지는 해설과 입장을 읽습니다.**
④ 마지막 부분에서 **입장을 결정하고 워크시트에 표시합니다.**
⑤ 내 입장에 해당하는 **쪽으로 이동합니다.**

〈2부〉

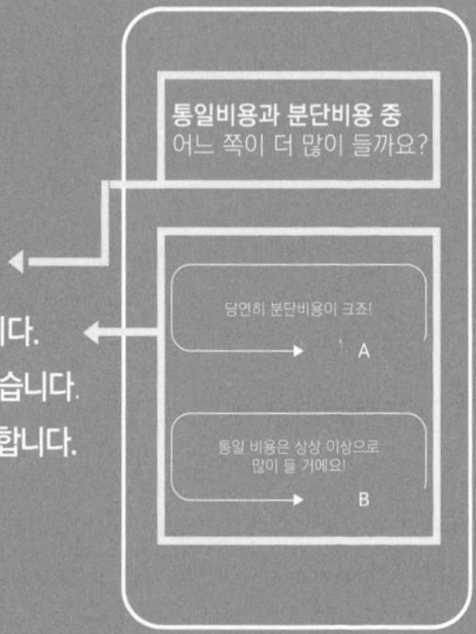

① **질문을 읽습니다.**
② 선택지를 읽고 **당신의 의견은 어디에 가까운지 생각합니다.**
③ 다음 쪽에 이어지는 **A~D의 선택지에 해당하는 의견을 읽습니다.**
④ 마지막 의견을 읽은 후 **입장을 결정하고 워크시트에 기록합니다.**
⑤ **다음 쪽으로 이동합니다.**

워크시트 사용법

이 책은 워크시트와 함께 하도록 만들어졌습니다.
되도록 워크시트를 옆에 둔 채로 책을 읽어주세요.
워크시트는 **앞면**과 **뒷면**으로 **구분**되어 있습니다.

앞면

1부

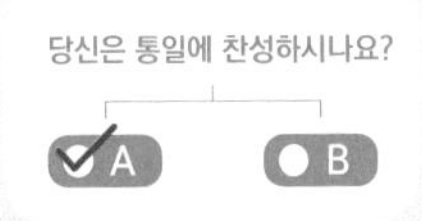

① 왼쪽과 같이 당신의 선택에 해당하는 동그라미를 표시합니다.

② 선택하면서 화살표를 따라가다보면 왼쪽과 같은 모양의 노란색 박스에 도달합니다.
그것이 당신의 1부 결과입니다.

③ 1부 결과에 도달하면 워크시트 하단의 지시를 따라 이동합니다.

뒷면

2부

① 질문마다 당신이 선호하는 의견(알파벳)을 예시와 같이 빈 칸에 기록합니다.
② 빈칸을 모두 채운 후에는 표 아래의 지시를 따라서 진행합니다.

	민족	안보	사회통합	이산가족	경제	북한에 대한 시각	정치체제
(예시)	A	A	B	B	A	B	C
2부 선택							

최종결정하기

'최종결정하기' 장이 나오면 워크시트에 기록된 1부와 2부의 결과를 비교해 보세요.
여섯 가지 미래 남북관계 형태를 읽어보면서 의견을 정리합니다.

최종결정을 하고 책에 표시합니다.

에필로그에서 당신의 최종결정을 다른 사람과 공유할 수 있습니다.
결과를 공유하고 이 책을 읽은 다른 사람들의 의견도 확인해보세요.

1부
6가지 미래와 당신의 선택

선택하기

해제 읽기

2부
7가지 질문과 당신의 근거

선택하기

해제 읽기

최종결정하기

- **A, B 두 선택지 중 하나를 선택하세요.**
  조금이라도 더 동의하는 답변을 선택합니다.

- 질문 다음 장부터 이어지는 **해설과 입장을 반드시 읽고 결정하세요.**
  선택을 마친 이후에는 지시에 따라 이동하세요.

- 당신의 방안에 어딘가 만족하지 못하셨나요? 2부로 넘어가세요.
  2부 선택하기에서 당신의 입장을 더 구체적으로 확인할 수 있습니다.

한반도 미래위원회

10,000명의 선택

시작하기

대통령 직속 한반도 미래위원회

당신은
통일을 **찬성**하시나요?

Ⓐ

나는 통일을 **찬성**합니다.

Ⓑ

나는 통일을 **반대**합니다.

통일은 '**남과 북이 단일한 주권국가로 합하는 것**'을 뜻합니다.

선택한 입장을 워크시트에 **기록하고, 다음 쪽으로** 넘어가세요.

북한 인권 문제에 대한
당신의 입장은
어느 쪽에 가까운가요?

A

북한 정부는 **권력을 유지하기 위해 인권을 탄압**하고 있습니다.
지금의 북한 정부에서
북한 인권 개선은 어렵습니다.

B

북한 인권 문제는 **국제적인 고립으로 인한 경제적 어려움에서 대부분 발생**합니다. 국제 관계 변화로 개방이 이뤄지면 북한 인권 개선은 가능합니다.

세계대전 이후 인권 개선을 위한 국제적 움직임이 있었습니다.

국제 사회는 두 번의 세계대전 이후 인간의 존엄성을 지키기 위해 국제적으로 인권 탄압을 감시할 필요가 있다는데 동의하기 시작했습니다. 그 결과로 1945년 유엔UN, United Nations이 설립됩니다. 유엔 회원국은 유엔 헌장을 통해 "인종, 성별, 언어, 종교와 관계없이 모든 인간의 인권과 기본적 자유의 존중을 증진하기 위한 국제협력을 달성할 것제1조 3항"을 선언하고 인권을 보장하기 위해 함께 힘쓸 것을 약속합니다.

1966년 유엔은 시민·정치적 권리규약B규약과 경제·사회·문화적 권리규약A규약을 채택했습니다. 이 규약들은 국제 인권법으로서 법적 구속력을 지니기 때문에 회원국들은 그 내용을 준수해야 할 의무가 있습니다. 시민·정치적 권리에는 구체적으로 '고문 및 비인도적 처우를 받지 않을 권리', '강제노동을 하지 않을 권리', '이동 및 거주의 자유에 대한 권리', '사상, 양심 및 종교의 자유에 대한 권리', '집회 및 결사의 자유에 대한 권리' 등이 있습니다. 경제·사회·문화적 권리에는 '노동3권단결권, 단체교섭권, 단체행동권', '의식주에 대한 권리', '교육에 대한 권리' 등이 포함됩니다. 주요 인권협약에는 개인의 권리에 대해 포괄적인 내용을 담고 있는 A, B규약 외에도 집단의 권리에 초점을 맞춘 '인종차별철폐협약', '여성차별철폐협약', '고문방지협약', '아동권리협약', '장애인권리협약' 등이 있습니다.

북한은 주로 시민·정치적 권리를 탄압한다고 비판을 받았습니다.

1991년 북한이 남한과 동시에 유엔에 가입하기 전까지 북한 인권은 유엔보다는 주로 국제앰네스티와 같은 국제 비정부기구의 관심 대상이었습니다. 1961년 설립된 국제앰네스티는 세계 각국에 대한 인권보고서를 매년 발간하여 인권 탄압 실태를 밝히고, 인권을 탄압하는 정부와 기업에 직접 탄원서를 보내거나 국제 인권 기준에 부합하도록 법안 개정을 요구하는 등의 캠페인을 하고 있습니다.

국제앰네스티는 북한에 대해서는 주로 시민·정치적 권리를 보장하지 못하고 있다고 문제를 제기해 왔습니다. 북한 정부는 주민의 거주 이전의 자유를 제약하고 사상이나 종교의 자유를 허락하지 않음은 물론, 정부 권력에 저항하는 정치범에 대해서는 집단 수용, 강제 노동, 나아가 고문이나 공개 처형을 하는 등 시민·정치적 권리규약의 거의 모든 내용을 정면으로 위반하고 있기 때문입니다.

1990년대 경제 상황의 악화로 북한 주민들은 경제·사회·문화적 권리마저 침해당합니다.

북한은 사회주의 이념 하에 설립된 국가로 정부 수립과 동시에 의식주, 출산과 양육, 교육 등의 사회 보장 제도를 시행했습니다. 이론적으로 사회주의 국가는 주민들의 기본적인 필요를 보장하고 국가가 한 사람의 전 생애를 돌보는 역할을 담당합니다. 하지만 1980년대 후반부터 소련을 포함한 사회주의 국가들이 붕괴 및 해체되면서 북한의 대외무역은 큰 타격을 받게 됩니다. 1990년대 중반에는 국내의 생산 체계마저 무너졌고, 가뭄 및 홍수와 같은 자연재해도 계속되어 식량 생산량이 크게 낮아졌습니다. 경제 상황이 어려워지면서 이전처럼 사회 보장 제도를 시행할 수 없게 되자, 북한 주민의 사회권도 침해받기 시작했습니다.

결국 북한은 1995년, 이례적으로 국제사회에 긴급 원조를 요청했습니다. 하지만 국제 사회의 원조를 받을 경우, 북한은 자국의 인권 문제를 인정하고 내부의 상황이 국제 사회에 공개되는 것을 감수해야 했습니다. 북한은 국제원조기구에 완전히 자유로운 활동을 허가하지 않았고 내

1990년대 사회주의 국가의 붕괴와 북한의 경제 위기

1970년대부터 중앙집권적 사회주의 경제체제의 한계와 에너지 및 원자재 부족, 설비의 노후화 등으로 인해 북한의 공장 가동률이 지속적으로 하락했습니다. 이에 수입을 통해 에너지원과 원자재를 확보해야 했으나, 수출이 부진하여 외화가 부족했고 외화 채무도 높은 수준이었습니다. 북한은 이를 해결하기 위해 1980년대 중후반 소련소비에트 연방공화국과 관계를 개선하면서 사회주의 국가와의 무역량을 늘려나갔습니다. 1980년대 말 북한 수출량의 57%는 소련이 차지하고 있었습니다.

그런데 1989년 폴란드를 시작으로 유럽의 사회주의 정권이 붕괴되기 시작합니다. 1991년에는 지금의 러시아를 중심으로 유라시아 북부에 위치했던 가장 강력한 사회주의 국가였던 소련이 해체되었습니다. 소련공산당 서기장 고르바초프는 1987년부터 침체된 소련 경제를 회복하기 위해 글라스노스트개혁와 페레스트로이카개방정책을 펼쳤지만 큰 효과는 없었고 결국 1991년에 물러났습니다.

사회주의 국가의 연이은 붕괴로 북한은 수출 시장 대부분을 잃었습니다. 1991년 북한의 무역 규모는 1990년에 비해 41.4%나 감소했습니다. 소련과의 무역결제 방법이 물물 거래바터 무역 방식에서 외화 거래hard currency,경화 방식으로 변경됐기 때문이었습니다. 그리고 북한이 기존에 사회주의권에 수출하던 물품의 대부분은 의류위탁가공이나 잡물품이어서 다른 시장을 개척하기에도 역부족이었습니다. 에너지 부분에서도 원유의 2/3정도를 소련과 중국에 의존하고 있었는데, 소련이 원유 대금 결제 방식도 무역 결제 방식과 마찬가지로 변경하자 1991년의 북한의 원유 수입량은 1990년의 1/10 수준으로 감소했습니다.

이러한 경제·에너지난으로 인해 1996년부터 2000년까지 굶주림과 질병으로 사망한 북한 주민은 약 30만 명에서 300만 명 사이로 추산됩니다. 추산 범위가 넓은 이유는 정확한 통계를 알기 어렵고, 의도적으로 사망자 수를 축소하거나 확대하는 경우도 있기 때문입니다. 북한은 이 시기를 '고난의 행군'이라고 부릅니다. 고난의 행군은 일제강점기에 김일성과 항일 빨치산 동료들이 혹한과 굶주림 속에서도 일본군의 토벌 작전을 피해 만주를 100여일 간 행군한 데서 유래합니다. 북한의 김정일 위원장은 선조들이 고난의 행군을 이겨낸 정신으로 당시의 위기를 극복하자며 이러한 이름을 붙였습니다.

부 상황이 공개되는 것을 최대한 막으려 했습니다. 국제원조기구 중 일부는 이러한 북한의 태도를 이유로 원조를 중단하기도 했지만, 유엔세계식량계획WFP, World Food Programme, 유엔아동기금UNICEF, United Nations International Children's Emergency Fund 등은 북한 주민들의 경제·사회권을 개선하기 위해 북한과 협력하며 원조를 지속하고 있습니다.

2000년 이후, 북한 인권 문제에 대한 국제 사회의 관심이 급증합니다.

2001년 부시 대통령의 '악의 축' 발언 이후 유엔과 미국을 비롯한 각국 정부에서 북한의 인권 문제에 더욱 주목하기 시작합니다. 동시에 남한과 미국 등에서는 북한 인권 개선을 목적으로 하는 비정부·비영리기구가 설립되기 시작했습니다. 이들 단체는 주로 북한 정권을 규탄하는 캠페인 및 로비 활동을 하고, 탈북자가 북한이나 중국을 안전하게 탈출해 새로운 나라에서 정착할 수 있도록 지원했습니다. 2004년에는 북한 인권 문제 해결을 목적으로 하는 비영리기구와 정치인들의 지속적인 요구로 미국에서 〈북한인권법〉이 제정되었습니다. 해당 법은 2007년, 2012년, 2018년에 재승인을 거쳐서 현재 2022년까지 효력이 연장된 상태입니다. 일본에서도 2006년에 〈납치문제와 그밖의 조선민주주의인민공화국 당국의 인권침해 대처에 관한 법률〉이 제정되어 일본인 납치문제와 함께 북한의 인권 문제를 국내법으로 다루고 있습니다. 남한에서는 2004년에 〈북한인권법〉이 발의되었고, 2016년 제정되었습니다.

유엔은 2003년부터 북한 인권결의안을 채택해왔습니다.

인권결의안은 유엔 회원국들이 인권 문제에 대해 유엔의 감시와 권고를 제안하는 상징적인 결의입니다. 법적 구속력은 없으며 해당국의 인권 탄압에 대한 국제사회의 우려를 표현하고 해당 정부를 압박하는 역할을 합

미국 부시 대통령의 '악의 축' 발언

2001년 급진적인 이슬람 무장단체 알카에다에 의해 납치된 항공기가 뉴욕의 세계무역센터를 붕괴시킨 9.11테러가 발생하자 부시 대통령은 테러와의 전쟁을 선포했습니다. 그리고 다음 해 부시 대통령은 북한, 이라크, 이란을 국제 사회를 위협하는 악의 축axis of evil으로 지목합니다. 미국 정부는 악의 축 국가들이 대량살상무기를 개발하고 테러 조직들을 지원하고 있다고 주장하면서, 이 국가들의 정권 교체와 붕괴 시나리오까지 고려했습니다. 북한에 대해서는 국제적으로는 핵무기 등의 대량살상무기 개발을 통해 국제 사회를 위협하고, 내부적으로는 북한 주민들의 인권을 억압하는 비정상적인 정권이라 비난했습니다.

니다. 결의안은 회원국이나 유엔 내 기구에서 제안하면 회원국들이 투표로 결정하거나, 표결 없이 전원이 결의안에 동의한 것으로 간주하여 합의하는 형식을 통해 채택합니다.

북한 인권결의안의 경우, 2003년 유엔 총회UN General Assembly 소속인 유엔 인권위원회UN Commission on Human Rights, 2006년부터 유엔 인권이사회 'UN Human Rights Council'로 변경에서 처음으로 제안하고 채택했습니다. 2005년부터는 유엔 총회 내 6개 주요위원회 중 사회적·인도적·문화적 문제를 다루는 제3위원회에서 매년 표결을 통해 북한 인권결의안을 채택해 왔고, 2016년부터는 표결 없이 합의 처리되고 있습니다.

북한 인권결의안은 고문과 공개처형, 강제수용소 등의 정치권 침해와 영양실조와 보건 문제 등의 사회권 침해, 여성 및 아동의 인권 침해 등 전반적인 인권 문제를 모두 포함하고 있습니다. 물론 북한은 유엔의 인권결의안 내용이 진정한 인권 문제와는 아무 관련이 없으며 북한을 적대시하는 세력에 의한 정치적 음모라고 주장합니다.

북한 인권결의안에 반대표를 던지는 국가들도 있습니다. 2019년에는 중국, 러시아, 이란, 쿠바 등이 북한 인권 문제가 정치적으로 이용되므로 합의에 동참하지 않겠다는 입장을 밝히기도 했습니다. 남한은 여러 해에 걸쳐 북한 인권결의안에 찬성표를 던졌지만, 남북관계 개선 등 한반도 정세에 따라 불참2003년하거나 기권2004년, 2005년, 2007년하기도 했습니다.

2015년 북한 인권 현황을 심도있게 조사하기 위해 유엔 북한인권사무소UN North Korean Human Rights Office가 서울에 설립되었습니다. 북한인권사무소 설립은 2013년 결성된 유엔의 북한인권조사위원회COI, Commission of Inquiry on Human Rights in the DPRK가 2014년에 제출한 보고서의 권고사항이었습니다. 해당 보고서에는 유엔 안전보장이사회이하 안보리가 북한 인권 침해 책임자들을 국제형사재판소ICC, International Criminal Court에 회부할 것을 권고하는 내용도 담겨있었습니다. 하지만 이 권고는 안보리 회원국 간 의견 차이로 실제로 이행되지 않았습니다.

북한은 국제 사회의 시민·정치적 권리 개선 요구에 반발하지만 경제·사회·문화적 권리 측면에서 개선 의지를 갖고 있습니다.

북한은 국제 사회가 자국의 인권을 문제 삼는 것은 주권 침해이자 내정간섭이라고 주장합니다. 또한 북한은 계급적 착취와 억압이 해결된 '우리식 인권'을 지킨다고 강조하면서 인권은 특정사회의 문화적 특수성에 따라 다르게 정의되어야 한다고 주장합니다. 서구의 인권 개념이 개인의 자유와 인간의 존엄성을 강조한다면 북한의 인권은 집단주의를 기반으로 한 기본권과 사회권을 중심에 둡니다.

"세계의 모든 나라들에 꼭 같이 맞는 유일한 인권기준이란 있을 수 없다. 사상과 리념, 신앙과 제도상 차이가 있고 경제, 문화발전수준과 지향이 각이한 조

유엔 북한인권조사위원회 2014년 보고서 중 북한 인권 침해 내용 (요약)

1. 사상 및 표현, 종교의 자유 침해
   - 정치체제나 최고지도자에 대한 어떠한 비판적인 표현도 허용하지 않음
   - 정부에 대한 반대 의사 표명에 대해서도 처벌을 받음
   - 텔레비전 시청 및 라디오 청취, 그리고 인터넷 접속은 엄격히 제한됨
   - 모든 대중매체의 내용은 조선로동당의 지령에 부합해야 함
   - 외국방송을 시청하거나 청취할 경우 처벌 받음
2. 차별
   - 국가가 지정한 사회 계급과 출생('성분')에 따라 주민들을 분류하고 차별함
   - 뿌리 깊은 가부장제와 순수하고 순결한 조선 여성이라는 성적 고정관념을 유지시키기 위해 여성에 대한 차별적 제한과 폭력이 만연함
3. 이동 및 거주의 자유 침해
   - 당국의 허가 없이 주거 지역에서 일시적으로 이탈하거나 여행할 수 없음
   - 자국을 떠날 권리를 침해함. 국경을 넘어 중국으로 넘어 온 사람들을 강제 송환함
4. 식량권 침해 및 기타 생명권 관련 침해
   - 통제의 수단으로 식량을 사용하며 지도층은 정권 유지에 중요한 사람들에게 우선적으로 식량을 배급함
   - 영양 부족과 굶주림이 여전히 만연하며 아사자도 계속 보고됨
5. 자의적 구금, 고문, 사형 및 정치범 수용소
   - 국가안전보위부, 인민보안부 및 인민군 보안사령부는 정치범 혐의로 기소된 사람들을 자의적으로 체포하거나 장기간 독방에 감금함
   - 정치범 수감에 국제법에 부합하는 실질적인 근거가 없으며 수감자들은 불법 강제 노동에 조직적으로 동원됨
6. 외국인 납치 및 강제실종
   - 타국 국민을 조직적으로 납치하고 송환하지 않음
   - 납치 피해자들은 기본 권리를 박탈당하고 북한의 사회·경제적 생활에서 분리됨

출처: Report of commission of inquary on human rights in the Democratic People's Republic of Korea - A/HRC/25/63 (한국어)

건에서 나라마다 인권기준이 다르기 마련이다." 《로동신문》, 2010.03.21.

그러나 북한이 유엔의 모든 인권 관련 논의를 거부하거나 반대하는 것은 아닙니다. 북한은 유엔 국제인권협약 중 시민·정치적 권리규약, 경제·사회·문화적 권리규약, 아동권리협약, 여성차별철폐협약, 장애인권리협약에 가입했습니다. 또한 북한 인권결의안 결의를 주도하고 찬성표를 던진 국가들과도 대화를 완전히 단절하지는 않았습니다. 예를 들어 유럽연합의 경우에는 매해 북한 인권결의안을 제출하고 있지만, '유럽연합 지원단위'로 불리는 비정부기구들을 통해 북한에 대한 인도적 지원을 수행하며 인권대화를 지속하는 등 북한과 교류와 협력을 추진하고 있습니다.

유엔 내에서도 다른 국가의 인권 문제에 대해 국제사회가 개입하는 것이 바람직한지에 대해 논란이 있었습니다. 이에 2004년부터 유엔 인권이사회는 4년마다 회원국이 직접 국내 인권 문제를 평가한 보고서를 제출하도록 했습니다. 이를 '보편적 정례인권검토Universal Periodic Review'라고 부르는데, 모든 국가가 자국의 입장에서 인권 상황을 평가할 수 있도록 합니다. 북한은 2019년 5월에 보편적 정례인권검토에 참여하여 '국제협약 이행을 위한 제도적 정비', '사회권과 관련된 국가적 계획 및 전략 수립', '취약계층 인권 증진 노력', '국제사회와의 협력 강화' 등의 내용을 유엔에 보고했습니다. 유엔 인권이사회는 북한 내 정치적 자유권을 강화하기 위해 사형제와 정치범 수용소를 폐지할 것을 권고했고, 식량권·교육권·건강권을 비롯한 사회권을 더 보장할 것을 제안했습니다. 북한은 자유권과 관련된 내용에 대해서는 수용을 거부했지만, 사회권은 개선할 의지가 있음을 밝혔습니다.

입장 선택하기

> **A** 북한 정부는 **권력을 유지하기 위해 인권을 탄압**하고 있습니다.
> 지금의 북한 정부에서 북한 인권 개선은 어렵습니다.

유엔과 국제앰네스티에서 지적한 북한 정부에 의해 벌어지는 잔혹한 고문, 정치범 수용소, 공개 처형을 비롯한 시민·정치적 권리 침해는 심각한 인권 문제입니다. 국제사회는 2003년부터 북한 인권결의안으로 북한 인권 문제의 심각성을 알리고 있습니다. 그러나 북한 정부는 여태까지 별다른 인권 개선 의지를 보이지 않고 있습니다.

경제·사회권에 해당하는 생존권과 사회보장권 침해 문제도 북한 정부가 권력층에만 부를 집중시켜 사회적으로 공정하게 자원이 분배되지 않아 발생한 문제입니다. 1990년대 중후반 발생한 고난의 행군은 북한 정부가 위기 관리에 실패했음을 보여줍니다. 국제사회가 인도주의적으로 지원하는 자원도 주민들의 생활 개선을 위해 사용하지 않고, 소수 권력층의 생계와 사익으로만 쓰고 있습니다. 이러한 결과를 봤을 때, 북한 정부가 유엔에 사회권 개선 노력을 약속하는 것은 일종의 '보여주기식' 정치적 행동에 가깝습니다. 따라서 이 모든 문제를 일으킨 북한 정부가 사라지지 않는다면 북한 인권 문제는 궁극적으로 해결되기 어렵습니다.

B 북한 인권 문제는 **국제적인 고립으로 인한 경제적 어려움에서 대부분 발생**합니다. 국제 관계 변화로 개방이 이뤄지면 북한 인권 개선은 가능합니다.

가장 시급하게 해결해야 하는 북한의 인권 문제는 식량권을 포함한 경제·사회적 권리입니다. 북한은 사회주의권 붕괴 이후 국제적인 고립으로 인해 경제 위기와 안보 위기를 겪어 왔습니다. 북한은 이를 극복하는 과정에서 핵 개발을 택했지만 결국 미국 및 유엔의 경제 제재로 이어져 오히려 경제적 고립이 심화되는 결과를 낳았습니다. 그리고 이 피해는 고스란히 북한 주민들이 떠안게 되었습니다. 경제 제재 해제와 인도적 지원으로 북한 주민들의 식량권과 생존권을 보장하는 것이 가장 시급합니다.

더 나아가 장기적으로는 북한과 경제 및 민간 교류를 확대하여 북한 사회를 점진적으로 개방해야 합니다. 북한 사회가 개방될 경우, 경제 발전을 통한 사회권 개선이 가능하고 동시에 북한의 시민·정치적 권리에 대한 기준을 국제적인 수준으로 높일 수 있습니다. 2018년과 2019년에 북한의 김정은 위원장이 남북정상회담과 북미정상회담에서 보인 모습은 북한이 정상국가화 될 수 있다는 기대를 불러일으켰습니다. 국제적 접촉이 늘어날수록 국제 사회의 기준에 부합하기 위한 북한의 노력도 뒤따를 것입니다. 따라서 북한의 인권 문제를 지속적으로 지적하고 압박만 할 것이 아니라, 북한과 협력하는 자세로 북한 주민의 인권 문제를 다룬다면 진정한 변화를 가져올 수 있습니다.

선택한 입장을 워크시트에 기록하고 다음 장으로 이동하세요.

북핵 문제에 대한
당신의 입장은
어느 쪽에 가까운가요?

Ⓐ

북한 정부는 체제를 보장 받더라도
핵무기를 포기하지 않을 가능성이 큽니다.

Ⓑ

북한 정부는 체제를 보장 받으면
핵무기를 포기할 가능성이 큽니다.

냉전 시기 북한은 소련의 도움을 받아 원자력 발전소를 건설하려 했습니다.

1956년에 북한은 소련과 '원자력의 평화적 이용에 관한 협정'을 체결하고, 1962년에 소련의 지원을 받아 영변에 원자력 연구소를 설치합니다. 1974년에는 원자력 에너지를 평화적으로 이용하기 위해 IAEAInternational Atomic Energy Agency, 국제원자력기구에 가입했습니다.

1985년에는 소련과 '원자력 발전소 건설을 위한 경제·기술협력 협정'을 체결하면서 북한 신포 지역에 4기의 원자력 발전소를 건설하는 구체적인 계획을 수립했습니다. 북한은 주로 화력 발전과 수력 발전에 에너지를 의존해 왔으나 원자재 부족과 설비의 노후화로 인해 공급에 어려움을 겪고 있었습니다. 이러한 조건도 북한이 원자력 발전을 지속적으로 추진해 온 이유였습니다. 북한은 원자력 발전소 건설을 위해 같은 해 유엔에서 채택되고 발효된 NPTNuclear Non-Proliferation Treaty, 핵확산방지조약에도 서명했습니다.

하지만 1991년 사회주의 진영 국가의 붕괴와 함께 소련이 해체되었습니다. 소련이 해체된 이후 러시아 정부는 자국의 정치·경제적 상황이 달라짐에 따라 1985년 협정에서 약속한 바와 달리 북한에 원자력 발전소 건설 비용을 요구했습니다. 하지만 북한은 이 비용을 감당할 수 없었고 원자력 발전소 건설 계획은 백지화되었습니다.

한편 미국의 정보기관은 1982년부터 북한이 원자력 발전 시설 외에도 영변에 핵무기 개발을 위한 시설을 구축하고 있다는 의심을 제기했습니다. 1989년 프랑스의 상업위성 SPOT 2호가 영변의 핵 시설 사진을 공개하면서 의혹은 더욱 증폭되었습니다. 물론 북한은 영변의 시설은 원자력 발전을 위한 평화적인 핵 이용 시설이라고 설명했습니다.

1990년대 초 미국의 핵무기가 한반도에서 철수되고, 남북은 핵에너지의 평화적 이용을 약속합니다.

북한은 남한에 배치된 미국의 핵무기를 견제하며 오래 전부터 한반도의 '비핵지대화'를 주장했습니다. 비핵지대화란 한반도 내 핵무기 개발 및 보유 금지를 넘어서 핵무기의 접근 및 통과까지 제한하자는 것입니다. 북한은 한반도의 비핵지대화를 2년 안에 완료하자는 주장을 담은 '조선반도의 평화를 위한 군축방안'을 1990년에 발표했습니다.

1991년 소련과의 '전략무기 감축 협정START'의 일환으로 미국의 조지 H. W. 부시 대통령은 한국전쟁 이후 남한에 배치해 왔던 핵무기 철수를 결정합니다. 이에 노태우 대통령은 11월 '한반도 비핵화와 평화구축을 위한 선언'을 발표했고, 미국이 핵무기를 완전히 철수하면서 12월에 핵무기 부재를 공식화했습니다.

이러한 남북의 비핵화 의지는 1992년 '한반도 비핵화에 관한 공동선언'으로 이어집니다. 이 선언은 "남과 북은 핵무기의 시험, 제조, 생산, 접수, 보유, 저장, 배비배치하여 설비함, 사용"하지 않고, "핵에너지를 오직 평화적 목적에서만 이용한다"는 내용을 담았습니다. 이렇게 남과 북은 탈냉전의 군비 축소 분위기 속에서 한반도 비핵화의 첫걸음을 뗐지만, 얼마 지나지 않아 위기가 찾아왔습니다.

제1차 북핵 위기 이후 북미는 '제네바합의'를 도출합니다.

1992년 북한은 IAEA에 핵 활동 관련 보고서를 제출합니다. 보고서를 확인한 IAEA는 북한이 보고한 내용 외에도 신고하지 않은 원자력 폐기물 저장고가 있다고 주장하면서 특별시찰을 요구했습니다. 북한 내 의심되는 지역을 직접 방문하여 확인하겠다는 것이었습니다. 북한은 특별시찰이 북한의 자주권을 침해하는 노골적인 강권행사라며 거부했습니다.

1993년 경색된 분위기 속에서 북한은 한반도 비핵화에 관한 공동선언을 남한이 먼저 위반했다며 NPT 탈퇴를 선언합니다. 북한의 외무성 대변인 담화에서 "팀스피리트 합동 군사연습은 남조선을 핵전초기지로 하고 각종 핵무기와 핵수단들을 동원하여 우리의 사회주의 제도를 압살하고 나아가서 대 아세아 전쟁전략을 실현하기 위한 미국의 모험적인 핵 시험 전쟁이다"라고 말하며 한미 합동 군사훈련을 빌미로 삼았습니다. 이에 대해 미국은 북한이 IAEA 특별시찰을 거부하고 NPT를 탈퇴하려는 것은 핵무기를 개발하려는 의도가 담겨 있다고 주장했습니다.

전쟁 임박설까지 나오며 갈등이 고조되는 가운데, 1994년 6월 카터 전 미국 대통령은 대북 특사를 자청하고 평양을 방문해 김일성 주석과 만났습니다. 카터 대통령과 김일성 주석은 이 회담으로 국제사찰단 시설 조사와 남북정상회담 개최, 그리고 북미 간 비핵화회담 착수를 합의하는 데 성공합니다. 이렇게 대화의 물꼬가 트이자, 같은 해 10월에는 제네바합의를 통해 북미 간 관계 정상화를 약속합니다. 미국은 북한이 평화적으로 핵을 이용할 수 있도록 경수로 발전소 설립을 지원하고 발전소가 완공되기 전까지는 연간 중유 50만 톤을 제공하기로 했습니다. 북한은 대체에너지 제공 및 경수로 건설 완료 즉시 핵무기 개발과 관련된 시설을 모두 동결하고 궁극적으로 해체하기로 했습니다. 이렇게 제1차 북핵 위기는 제네바합의로 해결된 듯 했습니다.

제2차 북핵 위기를 해결하기 위해 6자회담이 개최됩니다.

제네바합의 체결 당시부터 미국 내부에서는 해당 합의가 미국보다 북한에게 유리하다는 평가가 나왔습니다. 당시 미국의 클린턴 대통령은 민주당 소속이었으나, 미국 의회는 공화당이 다수를 차지하고 있었습니다. 공화당은 클린턴 정부의 입장과는 달리 북한에 큰 규모의 경제적 지원을 하는 것에 동의하지 않았기 때문에 북한 경수로 관련 예산 집행에 비협조적이었습니다.

그러던 중 북한의 핵과 미사일 개발 의혹이 또 한 번 제기되면서 북미관계에 다시 긴장이 발생합니다. 1998년 미국 국방정보국은 평안북도 금창리에 핵 시설이 있다는 의혹을 제기했습니다. 북한은 즉시 근거 없는 의혹이라고 해명한 후, 원한다면 금창리 현장 방문도 가능하다고 주장했습니다. 현장 방문은 의혹이 제기된 지 1년 뒤인 1999년에 이뤄졌고 미국은 아무런 의혹 시설도 발견하지 못했습니다.

1999년 8월 31일에는 북한이 동해와 태평양 한가운데 미확인 발사체를 발사했습니다. 북한은 이를 '광명성 1호'라고 이름 붙인 인공위성이라고 주장했습니다. 하지만 미국과 일본은 북한이 준중거리 탄도미사일발사된 지역의 이름을 따서 '대포동 미사일'로 지칭을 시험 발사한 것이라고 판단했습니다.

부시 대통령의 악의 축 발언으로 북미 관계가 더욱 악화된 2002년 10월에는 평양을 방문한 제임스 켈리 미 국무부 동아시아태평양 담당 차관보가 북한이 스스로 핵무기 개발을 위한 고농축 우라늄프로그램HEU, Highly Enriched Uranium 개발 계획이 있음을 시인했다고 발표합니다. 당시 회담장에서 북한 쪽 관료가 "우리는 핵을 가질 권한이 있다. 그보다 더 한 것도 갖게 되어 있다"고 발언했는데, 미국은 탈북자들의 핵 개발 프로그램 추진 증언과 북한의 고강도 알루미늄 구입 시도 등의 정황으로 보아 이를 핵 개발 계획을 시인한 것으로 해석한 것입니다.

미국은 북한이 제네바합의를 위배하고 있다는 판단과 함께 대북 중유 공급 중단을 결정했고 IAEA는 대북 '핵 개발 포기 및 사찰 촉구 결의안'을 채택했습니다. 이런 미국의 결정에 북한은 미국이 제네바합의를 파기했다며 IAEA를 국내에서 강제로 추방했습니다. 그리고 이듬해인 2003년, 북한은 1993년 미국과의 합의로 탈퇴 효력이 정지되었던 NPT를 다시 탈퇴하겠다고 선언합니다. 이로써 1994년에 체결한 제네바합의는 파기되었고 제2차 북핵 위기가 본격화됩니다

제1차 북핵 위기 때는 북미 양자 간 협상을 했다면, 제2차 북핵 위기 때는 북한과 미국을 포함해 남한, 일본, 중국, 러시아 6개국이 참여한 다자회담이 개최되었습니다. 6자회담은 2003년에 처음 열렸고, 2012년까지 총 여섯 차례 진행되었습니다. 6자회담의 쟁점은 제네바합의를 통해 합의되었던 경수로 건설지원과 북한의 평화적 핵에너지 사용 권리 여부였습니다. 미국은 북한이 현존하는 핵무기와 핵 계획을 포기해야 하며 평화적으로 핵에너지를 사용할 권리도 승인할 수 없다는 입장이었습니다. 반면 북한은 평화적 핵에너지를 사용할 권리는 양보할 수 없다고 주장했습니다.

북미 간 견해차로 회담에 별다른 진전이 없던 2005년 2월 10일, 북한은 외무성 성명을 통해 6자회담의 무기한 중단과 함께 "자위를 위해 핵무기를 제조했다"며 핵무기 보유를 공식적으로 선언합니다. 이후 반년 가까이 흐른 7월이 되어서야 6자회담은 다시 개최되었고 두 달 간의 줄다리기 협상 끝에 '제4차 6자회담 공동성명이하 9.19 공동성명'이 발표되었습니다. 내용을 요약하면 '북한이 핵무기 프로그램을 포기하고 NPT에 다시 가입하면, 북한의 평화적 핵에너지 사용 여부와 경수로 제공 부분을 다시 검토해 보겠다' 정도가 됩니다. 이는 미국이 북한의 평화적 핵에너지 권리를 승인한 것이 아니라, 북한의 행동에 따라 승인여부를 결정하겠다는 의미입니다. 해당 성명에는 '공약 대 공약'과 '행동 대 행동' 원칙이 기재되었으며, 남북미가 단계적 방식으로 합의를 이행한다는 문구가 포함되었습니다.

미국은 북한을 경제적으로 압박하고, 북한은 핵 실험으로 대응해왔습니다.

제1차 북핵 위기 이후 제네바합의 이행이 어려웠던 것처럼 제2차 북

핵 위기 이후 어렵게 합의한 9.19 공동성명도 이행에 어려움을 겪었습니다. 9.19 공동성명을 발표하기 사흘 전, 중국 마카오에 위치한 BDABanco Delta Asia, 방코델타아시아 은행가 북한의 돈세탁과 관계되어 있다는 의혹이 미국 언론을 통해 보도됩니다. 미국 의회는 9.11테러 이후 2001년 10월부터 국제 테러 조직에 돈이 흘러가는 것을 막기 위해 테러 행위, 대량살상무기 확산, 돈 세탁에 관여된 세계 각국의 개인과 금융기관에 제재를 가하는 〈애국법〉을 제정했습니다. 미국은 해당 법을 근거로 BDA를 '돈세탁 우려 기관'으로 지정합니다. 미국의 경제 제재를 우려한 각국의 금융기관은 일제히 BDA와 거래를 중단하고 돈을 인출하기 시작했습니다. 마카오 금융 당국은 뱅크런bank run, 대규모 예금 인출 사태을 막기 위해 BDA의 모든 계좌를 동결시켰고, 덩달아 북한의 자금도 해당 은행에 묶이게 되었습니다. 그러자 다른 나라에서도 북한 은행과 거래를 중지했습니다.

이 소식에 북한은 즉각 반발했고 BDA에 묶인 자금을 돌려받지 못하면 9.19 공동성명을 따르지 않겠다고 주장했습니다. 미국은 공동성명과 BDA 문제는 별개라고 발표하며 북미 간 양자회담을 제안했습니다. 하지만 북한은 이를 별개의 문제로 보지 않았고 6자회담 틀 내에서 논의하길 원했습니다. 이러한 간극이 좁혀지지 않자 6자회담은 1년 이상 열리지 않았습니다.

2006년 10월 9일 북한은 풍계리에서 핵 실험을 하고 북한이 사실상 의 '핵보유국가'임을 발표했습니다. 북한의 1차 핵 실험 이후 재개된 6자회담에서는 9.19 공동성명 이행을 위해 '테러지원국 지정 해제, 대적성국 교역법 적용 종료BDA 제재 해제 등을 암시', '핵 시설 불능화'가 새로운 안건으로 상정되었습니다. 다시 열린 대화로 2007년 '9.19 공동성명 이행을 위한 초기단계 조치 합의이하 2.13 합의'가 이뤄졌고, 이에 따라 미국은 6월에 BDA에 묶여있던 자금을 중국과 러시아를 경유하여 북한으로 돌려보냈습니다.

같은 해 10월 3일에는 '9.19 공동성명을 위한 제2단계 조치이하 10.3합의'를 합의합니다. 2007년 12월 31일까지 북한이 영변 핵 제조 시설의 불능화를 완료하면 100만 톤의 중유를 제공한다는 조건이었습니다. 북한은 약속된 일정을 넘긴 2008년 6월 27일에 핵 프로그램 신고서를 제출했고, 다음 날 영변 원자로의 냉각탑을 폭파했습니다. 미국은 10월 에 북한을 테러지원국 지정에서 해제했습니다. 그렇지만 2008년 12월에 열린 6자 수석대표회의에서 북한이 제출한 신고서의 정확성을 검증하는 의정서가 채택되지 못하면서 합의는 결렬도 이행도 아닌 애매한 상태로 남게 됩니다.

북핵 문제에는 비단 국제 정세뿐 아니라 각국의 국내 정치 상황도 반영되었습니다.

2009년 취임한 오바마 미국 대통령은 집권 초기에는 북한의 지도자와 만날 용의가 있다는 의사를 피력했지만, 핵실험과 미사일 발사 등 북한의 도발이 계속되자 유엔 안보리 제재를 통해 북한을 압박하기 시작했습니다. 2010년 북한은 미국의 핵 과학자를 초대해 우라늄 농축 시설을 공개하고 보유하고 있는 플루토늄을 전량 무기화하는 작업에 착수합니다.

다시 고조된 북핵 위기는 2012년 6자회담 재개로 이어졌습니다. 북미는 세 차례의 고위급회담을 거쳐 '북미 고위급회담 합의사항이하 2.29 합의'을 발표했습니다. 이 합의에는 북한의 핵 활동 잠정 중단과 그에 따른 미국의 대북 식량 지원 내용이 포함되었습니다.

그러나 2012년 4월 김정은 정부는 개헌을 통해 헌법에 핵보유국임을 명시하고 '핵무력, 경제건설 병진노선'을 공식화했습니다. 그리고 이어서 김일성 주석 탄생 100주년을 기념해 위성을 쏘아 올릴 것이라고 밝힙니다. 미국은 위성 발사가 탄도미사일 기술을 이용한 장거리 미사일 발사와 다름없기 때문에 2.29 합의에 위반된다고 주장했습니다. 하지만 북한은 평화적인 위성 발사라고 주장하며 '광명성 3호'를 발사했고, 미국과 유엔 안보리는 이를 미사일 발사라며 규탄했습니다.

북한의 계속되는 도발에 오바마 정부는 '전략적 인내Strategic Patience'로 대북정책을 변경합니다. 전략적 인내란 북한이 핵문제 해결에 진정성을 갖고 행동하지 않는다면, 미국은 먼저 대화나 합의 등의 어떠한 행동에 나서지 않겠다는 뜻입니다. 나아가 미국과 유엔안보리는 대북 제재를 이어갔습니다. 같은 시기 남한의 이명박 정부와 박근혜 정부도 제재와 압박을 우선하는 대북정책의 기조를 보였습니다. 북한은 대화 테이블이 사라진 2013년부터 2017년까지 세 번의 핵 실험을 강행했습니다.

2018년 한반도에는 새로운 기류가 흘렀습니다.

2017년 5월 새로 취임한 문재인 대통령은 집권 초기부터 '베를린 선언' 등을 통하여 북한과의 대화 의사를 밝혔습니다. 그리고 김정은 위원장도 2018년 신년사에서 남한과의 대화 용의를 시사합니다. "국가 핵무력 완성의 역사적 대업을 성취"했으며 "되돌릴 수 없는 강력하고 믿음직한 전쟁 억제력을 보유"했다고 발표함과 동시에 2월에 개최되는 평창동계올림픽에 북쪽대표단을 파견할 것을 밝혔습니다. 신년사 발언 이후 북한이 평창동계올림픽에 선수단과 예술단을 보내면서 전격적으로 남북교류가 재개되었습니다.

2018년 4월 27일에는 판문점에서 남북정상회담이 10여 년 만에 개최되었습니다. 이날 발표된 '한반도의 평화와 번영, 통일을 위한 판문점 선언 이하 판문점 선언'은 남과 북이 군사적 긴장 상태를 완화하기 위하여 상대방에 대한 일체의 적대 행위를 전면 중지하고 비무장지대와 서해 북방한계선 일대를 실질적 평화지대로 만들며 완전한 비핵화를 통해 핵 없는 한반도를 실현하자는 공동의 목표를 담고 있습니다. 문재인 대통령은 판문점 선언을 남과 북의 '사실상의 종전선언'이라고 평가하며 남북의 평화 조성 의지를 강조했습니다.

남북의 변화된 기류는 북미 대화로도 이어졌습니다. 같은 해 6월 트럼프 대통령과 김정은 위원장은 싱가포르에서 만나 사상 최초로 북미정상회담을 가졌습니다. 북미정상은 완전한 비핵화를 위한 노력을 약속하고 새로운 북미관계를 형성하기로 합니다. 정상회담 이후 북한은 북한에 수감되었던 3명의 미국인을 송환하고 일부 미군 유해를 반환했으며 풍계리 핵실험장을 폭파했습니다.

하지만 2019년, 기대 속에 하노이에서 열린 제2차 북미정상회담은 아무런 합의를 도출하지 못하고 끝나고 말았습니다. 트럼프 대통령은 나쁜 협상보다는 협상 결렬이 낫다면서 북한과의 협상을 서두르지 않겠다고 설명했습니다. 이후 북핵 문제와 관련해 더 이상의 큰 진전은 없었습니다.

입장 선택하기

A 북한 정부는 체제를 보장 받더라도
핵무기를 포기하지 않을 가능성이 큽니다.

북한은 실제 핵무기 사용을 염두에 두고 국제사회의 감시와 제재를 피해 핵무기를 지속적으로 개발했습니다. 평화적인 원자력 이용을 명목으로 지었다고 주장하는 핵 관련 시설은 군사적으로 핵무기 제조를 위해서도 필요한 시설입니다.

북한은 말로는 비핵화를 주장하지만 북핵 위기가 발생하는 데 주된 원인을 제공했습니다. 미국 등 국제사회는 객관적인 증거에 기반하여 북한의 핵 개발 의혹을 제기했고, 북한이 가입한 조약과 합의한 조치에 따라 정당하게 검증을 요구했습니다. 하지만 북한은 IAEA의 특별시찰을 거부하거나 NPT를 탈퇴하는 등의 강경 대응으로 일관하여, 제기된 의혹을 해소하기보다 증폭시켰을 뿐입니다.

비핵화 협상이 결렬된 것 역시 북한 때문입니다. 북한은 제네바합의 이후에도 대포동 미사일을 발사했고, 핵 문제와는 상관없는 BDA 문제를 핑계로 6자회담 합의를 깼습니다. 결국 김정은 정부가 들어서자마자 보란 듯이 핵무장 국가를 공식적으로 선언하고 헌법에도 명기했습니다. 이렇게 북한의 모든 비핵화 협상은 핵무기를 완성하기 위한 시간 벌기 그리고 체제 보장을 위한 미끼에 불과하다고 볼 수 있습니다.

남한에 문재인 정부가 들어선 이후에 다시 비핵화를 주제로 협상을 시도하고 있으나, 이 협상에서도 전과 같이 '보여주기식'의 핵시설 사찰과 도발을 반복하고 있습니다. 이러한 협상 태도는 근본적으로 북한에게 비핵화 의지가 없다는 것을 보여줍니다.

B 북한 정부는 체제를 보장 받으면
핵무기를 포기할 가능성이 큽니다.

북한은 에너지 부족 문제를 해결하기 위해 평화롭게 핵에너지를 사용하길 원했습니다. 소련의 경제적, 기술적 지원을 받아 원자력 발전소를 세우려고 했지만 갑작스러운 소련의 해체로 인해 계획이 무산되었습니다. 동시에 사회주의 동맹의 붕괴로 인한 안보 불안과 경제 위기는 북한이 경제 발전을 위한 핵에너지 확보를 넘어 체제 보장을 위한 핵무기 개발에 관심을 갖도록 만들었습니다.

미국은 금창리 사찰을 요구했지만 해당 지역에 핵 시설은 없었습니다. 그리고 제네바합의는 북한에 대해 부정적인 미국 국내 여론과 정치 세력에 의해 무산된 것입니다. 북한의 도발은 미국을 협상 테이블에 올리기 위한 것이었습니다. 북한은 보고서도 제출했고 냉각탑도 폭파했지만 미국은 북한 정부를 계속 신뢰하지 않았고 북한의 모든 행동을 그저 '도발'로만 해석했습니다. 게다가 미국은 북한의 평화적 핵에너지 사용을 끝내 보장하지 않았습니다. 북한 입장에서 미국의 이러한 행동은 아무 조건 없이 자신들을 무장 해제 시키려는 것으로 해석할 수밖에 없습니다.

2006년에 이어 북한은 핵 실험을 여러 번 강행했고, 그때마다 미국과 유엔 안보리는 경제제재를 지속했습니다. 외국과의 거래를 막는 경제제재가 가해질 때마다 북한은 더욱 고립되어만 갔습니다. 결국 핵무기를 완성한 북한은 비핵화를 조건으로 경제 제재 해제와 체제 보장을 요구하고 있습니다. 다른 모든 국가와 마찬가지로 북한은 경제 성장과 안전보장을 원하는 것이고, 힘의 차이가 너무 큰 상황에서 미국과 협상을 하려면 핵무기라는 극단적인 카드가 필요할 뿐입니다.

북한은 비핵화 의지가 있습니다. 김정은 위원장은 북한이 베트남식 개혁개방을 원한다고 말했고, 문재인 대통령과 판문점 선언을 하고 트럼프 대통령과 직접 만나는 등 적극적인 태도를 보이고 있습니다. 1991년에 어렵게 달성했던 비핵화 합의가 의심과 부인으로 결렬되었던 역사를 이제 극복해야 합니다. 국제사회가 북한의 의지를 신뢰하고 핵무기에 의존하지 않을 수 있는 환경을 조성하도록 노력한다면 근본적인 비핵화에 도달할 수 있습니다.

선택한 입장을 워크시트에 기록하고 아래 표를 참고하여 이동하세요.

<table>
<tr><th>통일 문제</th><th>북한 인권 문제</th><th>북핵 문제</th><th>이동</th></tr>
<tr><td>A</td><td>A</td><td>A</td><td>94쪽</td></tr>
<tr><td rowspan="3">A</td><td>A</td><td>B</td><td rowspan="3">44쪽</td></tr>
<tr><td>B</td><td>A</td></tr>
<tr><td>B</td><td>B</td></tr>
<tr><td>B</td><td>A</td><td>A</td><td>100쪽</td></tr>
<tr><td rowspan="3">B</td><td>A</td><td>B</td><td rowspan="3">68쪽</td></tr>
<tr><td>B</td><td>A</td></tr>
<tr><td>B</td><td>B</td></tr>
</table>

통일 정부를 구성하기 위해 **남북 주민 모두 참여**하는 **총 선거**가 필요할까요?

A 필요하지 않습니다.

북한 주민이 선거에 참여할 경우 **민주주의와 시장경제에 반대하는 정치 세력**이 생길 수도 있습니다.

B 필요합니다.

국가를 구성하는 **모든 성원의 정치적 자유와 평등이 존중**되어야 합니다.

"총 선거를 해도 우리가 이기게 되어 있다"

1997년 남한으로 망명한 북한의 고위 간부 황장엽은 김일성이 통일을 이야기할 때면 이렇게 자주 말했다고 증언했습니다. "남조선은 사상적으로 분열된 자유주의 나라이기 때문에 우리가 사회주의 제도의 우월성과 주체사상을 대대적으로 선전하면 적어도 남조선 주민의 절반은 쟁취할 수 있다. (중략) 그러나 연방제를 실시하여 우리가 남조선 주민의 절반을 쟁취하는 날에는 공화국의 1과, 쟁취한 남조선 주민의 1을 합하여 우리 편이 2가 되고 남조선이 1로 된다. 이렇게 되면 총선거를 해도 이기게 되고, 전쟁을 해도 이기게 된다." 《어둠의 편이 된 햇볕은 어둠을 밝힐 수 없다》(월간조선사, 2001), 222쪽.

1960년대까지 북한은 자신들의 체제가 더 우월하다는 자신감에서 남북 총 선거를 통한 통일을 제시하기도 했습니다. 북한뿐 아니라 남한도 '민족공동체 통일방안'에 따라 남북평의회에서 마련한 통일헌법을 바탕으로 총 선거를 통해 국회와 정부를 구성할 것을 제안했습니다.

남북 총 선거는 통일의 방법이기 전에, 해방 이후 한반도 독립 정부 수립의 방법으로 제시되기도 했습니다. 하지만 남북 총 선거는 시행되지 못했고 남한과 북한은 분단되었습니다. 왜 당시에는 남북 총 선거가 이뤄지지 못했을까요? 그리고 통일의 방법으로 남북 총 선거는 어떤 의미를 지니는 걸까요? 남북 총 선거가 무산되었던 역사적 과정과 독일의 사례를 통해 통일 과정에서 총 선거의 필요성을 살펴보고자 합니다.

미소공동위원회에서 주도한 독립 정부 구성 및 남북 총 선거 논의는 성공하지 못했습니다.

1945년 8월 15일 일본이 항복을 선언하면서 한반도는 해방을 맞았습니다. 해방과 동시에 38선을 중심으로 남쪽에는 미군이, 북쪽에는 소련군이 주둔하면서 한반도를 분할 점령했습니다. 그해 12월 모스크바 삼국외상회의가 열렸고 이 자리에서 한반도 독립과 관련된 결정 사항도 논의되기 시작했습니다.

삼국 외상은 첫째, 조선에 독립국가가 건설되기 전에 임시로 민주주의 정부를 설립할 것, 둘째, 이를 돕기 위해 미국과 소련이 공동위원회를 설치할 것, 셋째, 완전한 조선의 독립 정부가 수립되기 전까지 미국, 영국, 소련, 중국의 협의 하에 최장 5년 간 신탁통치를 할 수 있다는 내용에 합의했습니다.

그런데 이 소식이 국내로 전해지자 '신탁통치'가 문제시되었습니다. 해방되면 자연스럽게 자치권을 가질 것이라 기대했던 많은 조선인에게 신탁통치는 받아들이기 어려운 조치였습니다. 게다가 당시 동아일보가 "소련은 신탁통치를 찬성하고 미국은 즉시 독립을 주장했다"는 오보를 내서 논란이 더 커졌습니다. 이후 국내 여론은 신탁통치를 찬성하는 세력과 반대하는 세력으로 급속히 양분화되었고 양 세력 간의 갈등도 커졌습니다.

1946년, 국내 여론의 분열과 공방 속에서 서울에서 제1차 미소공동위원회가 열립니다. 모스크바 삼국외상회의 결과에 따라 조선인 중 누가 한반도의 임시 정부 수립을 위해 미소공동위원회와 협의할 '민주적 정당 및 사회단체'로 선발되어야 하는지 논의하는 자리였습니다. 소련은 모스크바 삼국외상회의 결과를 지지하고 소련을 반대하지 않는 조선인이 대표가 되어야 한다고 주장했습니다. 반대로 당시 미국은 조선인 대부분이 모스크바 삼국외상회의 결과인 신탁통치에 원칙적으로 반대하고 있으며, 좌우익

모스크바 삼국외상회의와 신탁통치

모스크바 삼국외상회의는 1945년 12월 16일부터 26일까지 당시 소련 모스크바에서 개최된 미국, 영국, 소련의 외무장관 회의입니다. 한반도 신탁문제를 포함한 7개 분야의 의제를 다루었습니다. 미국, 영국, 소련은 제2차 세계대전의 승전국으로 종전 후 일본, 중국, 루마니아, 불가리아 등의 평화조약 및 독립 문제, 패전국에 대한 관리 문제 등 다양한 사항을 결정해야 했습니다.

〈미·영·소 3국 외무장관 회의 보고서 중 신탁통치 관련 부분〉
③ 공동위원회는 조선민주주의임시정부를 참가시키고 조선민주주의 단체들을 끌어들여 조선인민의 정치적·경제적·사회적 진보와 민주주의적 자치 발전과 또는 조선국가 독립의 확립을 원조 협력하는 방책들도 작성할 것이다. 공동위원회의 제안은 조선임시정부와 협의 후 5년 이내를 기한으로 하는 조선에 대한 4개국 신탁통치(후견)의 협정을 작성하기 위하여 미·소·영·중 각국 정부의 공동심의를 받아야 한다.

의 극단주의자가 아닌 인물이 선정되어야 한다고 주장했습니다.

제1차 미소공동위원회는 끝내 합의를 보지 못했고 제2차 미소공동위원회 역시 같은 이유로 진전이 없었습니다. 이에 당시 미 국무부장관이었던 마샬은 "한국 문제가 유엔 총회에 상정되어 신탁통치를 거치지 않고 한국이 독립되는 수단이 마련되기를 바란다"라고 발언하며 한반도 독립 문제를 유엔으로 이관합니다. 소련은 이러한 미국의 행동은 미소공동위원회를 무시하고 양국 간의 협정을 위반하는 것이라고 비판했습니다.

유엔 총회에서는 남북 총 선거안이 통과되었지만 결국 남한만의 단독 선거로 축소되었습니다.

1947년 9월 미국이 발의한 한반도 독립 문제는 유엔의 제2차 정기 총회 안건으로 올라왔습니다. 미국 주도로 한국 문제가 결정될 것을 우려했던 소련은 미소 양국의 한반도 동시 철수안을 안건으로 상정했지만 이는 통과되지 못했습니다. 반면 양 점령 지구의 점령관이 주관하고 유엔한국임시위원단의 감시 하에 남북 총 선거를 실시하자는 미국 측의 결의안이 1947년 11월에 유엔 총회에서 통과됩니다.

이 결의안은 인구 비례에 따른 남북 총 선거를 실시하자는 내용을 담고 있었습니다. '인구 비례에 따른다'는 말은 당시 남측에 거주하는 인구가 북측의 두 배 정도였기 때문에 국회의석 300석 중 북측에는 100석, 남측에는 200석을 할당한다는 뜻이었습니다. 이 결의안을 받아들일 수 없었던 소련은 유엔한국임시위원단이 북쪽에 들어오는 것을 거부했고, 남북 총 선거는 사실상 불가능해졌습니다. 상황이 이렇게 되자 1948년 2월 26일 소집된 유엔 소총회에서 다시 선거 문제를 논의했고, 접근할 수 있는 남한 내 지역만이라도 단독 선거5.10 총선거를 진행하자는 의견이 나왔습니다. 소련을 비롯한 사회주의 진영의 국가들은 회의와 표결에 불참했지만, 이 안건은 소총회에 참여한 국가들의 찬성 31표, 반대 2표, 기권 11표로 채택되었습니다.

좌우합작 세력의 통일 정부를 추진하는 시도는 좌절되었습니다.

당시 미국과 소련은 자국에 우호적인 정부가 한반도에 수립되길 원했습니다. 그러나 미국과 소련의 영향뿐만 아니라 민족 내부에서도 각각 다른 이념에 기반해 정부 수립을 준비하기 시작했습니다.

해방 이후 통일 정부 세력으로는 사회주의 계열 주도 하에 좌우합작을

꾀했던 '조선건국준비위원회이하 건준'이 있었습니다. 일제강점기 여운형이 주도하여 만든 '건국동맹'은 일본이 항복을 선언하자 그 다음 날 8월 16일 건준을 수립하고 조선인 자치 정부 수립을 위한 활동을 본격적으로 시작했습니다. 초기 건준은 사회주의 계열뿐 아니라 민족주의 계열 인사도 참여하여 해방 직후의 혼란 수습과 치안 유지 활동을 주도했습니다.

하지만 미국의 한반도 이남 진주 소식이 전해지자, 건준 부위원장을 맡았던 안재홍을 비롯한 우익 계열 인사들이 건준을 이탈합니다. 건준에 참여했던 좌익 계열 중 일부는 미군이 들어오기 전에 빨리 자치 정부를 수립해야 한다는 판단을 했고, 이들 주도로 9월 6일에는 조선인민공화국이하 인공이 선포됩니다. 서둘러 정부를 수립하다보니 내각을 구성하는 인사에 대한 민주적 절차는 무시되었습니다. 우익 계열 인사들은 건준의 이러한 독단적인 정부 선포를 비난했고, '인공 타도'를 외치며 한국민주당을 창당했습니다. 이어 남한에 진주한 미군 역시 인공의 존재를 부인했고, 38도선 이남의 유일한 합법정부는 '미군정'이라는 성명을 발표했습니다.

인공의 실패 이후 좌우합작운동은 제1차 미소공동위원회 결렬 이후 다시 시작되었습니다. 미군정은 미소공동위원회에서 한인을 대표할 좌우합작세력의 필요성을 인식하고, 여운형, 김규식을 대표로 하여 좌우합작운동을 지원하기 시작합니다. 하지만 이러한 시도는 신탁통치를 둘러싼 좌우 세력 간 대립이 격렬해지는 가운데 양측 모두에게 비판 받았습니다.

1948년 유엔 소총회에서 단독 선거 결의가 통과되고 나서는 남한만의 단독 정부 수립을 우려한 민족주의 계열의 김구와 김규식이 남북협상전조선 제정당 사회단체 대표자 회의을 추진합니다. 협상은 4월에 평양에서 진행되었고 북측 대표로는 김일성과 김원봉이 참석했습니다. 네 사람 모두 미국과 소련 양군의 철수, 북한의 남침 우려 불식, 전국 총선에 의한 통일 국가 수립, 남한의 단독 선거 및 단독 정부 반대에 합의했습니다. 동시에 김구

사회주의 독립운동의 등장과 좌우합작운동

한반도에서 사회주의 이념은 1917년 일어난 러시아 혁명의 영향과 제1차 세계대전 이후 고양된 민족자결의식과 결합해 힘을 얻었습니다. 그리고 1919년에 국제적으로 공산주의 활동을 강화하고 운동을 지원하는 코민테른Communist International, 제3인터내셔널이 소련을 중심으로 구성면서 소련의 지원을 바탕으로 하는 사회주의 계열 독립운동이 본격화되었습니다. 이와 맞물려 조선인 독립운동가들도 국내외에서 공산당을 창당했지만 당시 러시아, 일본, 상해, 서울 등 주요 활동 지역에 따라 여러 파벌이 형성되면서 통합에 어려움을 겪었습니다.

1920년대에는 일제의 문화통치와 감시로 국내 독립운동 세력이 잠시 주춤하게 됩니다. 사회주의 계열은 세력이 위축되자 1926년 정우회 선언으로 민족주의자들과 공동 행동을 할 의지가 있음을 발표했고, 1927년 사회주의 계열과 일부 민족주의 계열이 함께 최초의 좌우합작 독립운동단체인 '신간회'를 조직했습니다.

신간회는 전국적으로 2~4만 명에 이르는 항일운동단체였지만, 점차 고조되는 좌우 간의 의견 차이로 인해 1931년 해산되었습니다. 이후 공식적인 좌우합작운동은 없었고 해방 이후 여운형의 건국준비위원회에 의해서 다시 전개됩니다.

와 김규식은 단독 선거에 어떤 방식으로든 참여하지 않겠다고 선언했습니다. 하지만 우익세력은 현실성이 없다며 이 성명을 비판했고 남한만의 단독 선거는 예정대로 진행되었습니다.

한편 남한 내 온건 사회주의 계열의 조봉암은 이미 남한만의 단독 선거는 돌이킬 수 없으니, 통일 정부를 지향하는 세력은 일단 선거에 참여해야 한다고 주장했습니다. 하지만 사회주의 계열은 물론 민족주의 계열 인사들은 조봉암의 주장이 분단에 동의하고 이를 고착화하는 것이라 보았습니다. 결국 좌우합작세력의 통일 정부 수립은 좌절되었고 남과 북은 단독 선거로 정부를 수립했습니다.

남과 북의 정부 수립 과정에는 남북 주민의 참여와 배제라는 양면이 존재했습니다.

북한에서는 토지 개혁을 포함한 국가 수립 과정에서 특정 계급이 배제되었고, 남한에서는 단독 선거에 반대하는 사람들이 탄압을 받았습니다.

1946년 북한에서 실시한 토지 개혁은 북한의 정치 세력에 동의하지 않는 이들이 대거 월남하게 된 계기였습니다. 해방 이후 북한의 실제적인 국가권력으로 작동하던 '북조선임시인민위원회'는 지주들이 소유한 모든 소작지를 무상 몰수하여 농민들에게 무상으로 분배하는 방식의 토지개혁을 실시합니다. 그 과정에서 그동안 지주들에게 불만을 갖고 있었던 농민들은 폭력을 행사하기도 했습니다. 일부 지주들은 토지개혁에 저항하기도 했지만, 북한의 사회주의 정치 세력에 반대하는 대다수는 1948년 북한에서 선거가 진행되기 전에 남쪽 행을 선택했습니다.

한편 남한에서는 단독 선거를 진행하는 과정에서 남한의 단독 정부 수립에 반대하는 이들에 대한 탄압이 이루어졌는데, 제주 4.3 사건이 대표적입니다. 1947년 좌우세력이 제주도에서 공동으로 진행한 3.1절 기념행사에서 경찰의 개입으로 어린아이가 다치는 일이 발생했습니다. 주민들은 항의하기 위해 경찰서를 찾았으나 경찰들은 주민들을 역으로 강경하게 진압했습니다. 이후 주민들의 불만은 총 파업과 단독 선거 반대 운동으로 이어졌습니다. 1947년 4월 3일, 남조선로동당 제주도당이 '단독 선거를 반대'를 외치며 투쟁을 시작했습니다. 같은 달 28일 진압군과 시민군이 평화협정을 맺었음에도 미군정은 군과 경찰, 반공단체를 증파하여 강경한 진압작전을 벌였습니다. 이 진압작전으로 남로당과 무관한 시민들까지 희생되었습니다. 그사이 제주도의 단독 선거는 투표수 과반수 미달로 무효처리되었고 재선거도 시행되지 않았습니다. 정부 수립 이후 이승만 정부는 제주도경비사령부를 설치하고 계엄령을 선포하여 대대적인 남로당 토

벌작업을 벌였습니다.

남한의 선거 이후 북한에서도 선거가 진행되었습니다. 1948년 8월 25일 조선민주주의인민공화국 헌법을 공포하고 남한의 국회에 해당하는 최고인민회의 선거를 실시했습니다. 당시 사회주의자들은 인민 중심의 민주주의를 지향하며 국가를 건설할 권력의 중심 주체는 노동자, 농민이어야 한다고 생각했습니다. 그래서 북조선공산당, 조선민주당 등 사회주의 계열 사회단체로 이뤄진 '북조선민주주의민족통일전선이하 통일전선'에서 추천한 사람들로 후보를 구성했습니다. 통일전선은 남한 지역의 대의성을 담보하기 위해서 남한에서 지하 선거를 시행했고, 선출된 후보들은 월북해 최고인민회의 선거에 참여했습니다. 선거는 지정된 후보에 대한 찬반을 표시하는 투표 방식으로 진행되었습니다.

독일의 경우, 동독 주민들의 투표가 독일 통일을 결정했습니다.

독일 통일은 갑작스러운 사건이었습니다. 1989년 헝가리와 오스트리아 간 국경이 개방되자, 많은 동독 주민들이 이 두 나라를 경유하여 서독으로 이주하기 시작했습니다. 이주의 흐름은 시간이 갈수록 급격히 늘어나 1989년 말까지 서독으로 이주한 동독 주민은 약 34만 명에 달했습니다. 동독 내 분위기도 심상치 않았습니다. 1989년 5월 동독의 지방 선거 결과 투표율과 정부지지율이 100% 가까이 나오자, 사람들은 정부에 의해 선거가 조작되었다는 의심을 하기 시작했습니다. 이후 동독 곳곳에서는 정부를 규탄하는 시위가 일어났습니다. 민주화 요구가 더해져 동독의 라이프치히 시민들은 9월 25일부터 매주 월요일마다 시위를 벌였고, 다른 도시로도 확산되었습니다. 11월 4일에는 동베를린에서 100만 명에 가까운 시민들이 거리로 나와 민주화와 자유를 요구하는 행진을 했습니다. 당시 동독 정부는 여론의 악화를 막고자 여행 자유화 조치 발표를 앞두고 있었습니다. 그런데 11월 9일 밤 동독 정치국 대변인 귄터 샤보브스키가 베를린 장벽을 포함한 모든 국경에서 여행 자유화 조치가 즉시 실시된다고 잘못 발표했고, 이를 들은 동독 시민들이 베를린 장벽을 부수는 역사적 장면이 연출되었습니다.

사태가 걷잡을 수 없이 커지자 동독의 집권 정당이었던 독일사회주의통일당SED의 호네커 서기장이 사임합니다. 동독 지도부는 국정운영 전반에 대한 영향력을 잃었고, 서독에서도 동독과의 통일은 거스를 수 없는 흐름으로 판단해 통일을 위한 본격적인 준비에 나섰습니다. 당시 서독의 다수 정당이었던 기독교민주연합CDU과 헬무트 콜 수상은 서독 〈기본법〉 23조에 따라 동독이 '독일연방공화국서독으로의 개별 주州로 편입하는 방식'을 주장했습니다. 반면 야당이었던 사회민주당SPD은 〈기본법〉 146조에 따라 '독일민족의 자유로운 결정에 의해 새로운 헌법을 발표하는 방식'으로의 통일을 주장했습니다.

1990년 3월 18일 동독 선거에는 동독의 독일사회주의통일당 이외에도 다양한 정당들이 참여했고, 몇몇 정당은 서독의 정당과 제휴하는 방식으로 선거 운동을 진행했습니다. 당시 서독의 기독교민주연합 지원을 받은 독일동맹Allianz für Deutschland은 서독으로 편입하는 방식의 빠른 통일방안을 제시했습니다. 그리고 선거 결과 독일동맹이 48%를 득표했고, 다른 정당과 연립정부를 구성하면서 개별 주로 서독에 편입하는 방식의 통일안이 공식화됩니다. 1990년 10월 3일, 동독의 5개 주가 독일연방공화국으로 합병되면서 동서독의 통일은 완료되었습니다.

독일 통일은 제도적으로 동독이 서독의 체제로 편입되었기 때문에 흔히 '흡수통일'이라 평가됩니다. 하지만 동독 시민의 민주화 운동이 동독 정부가 무너지는 데 결정적으로 작용했으며 동독 시민들이 직접 선거로 통일의 방법을 선택한 것이나 마찬가지이기 때문에 '합의에 의한 통일'이라고 평가하기도 합니다. 독일의 통일은 동서독 주민의 총 선거가 아닌 동독 주민의 투표로 결정되었지만, 통일 직후 실시된 독일 연방 의회 선거에는 동서독 주민이 모두 참여했고 동독 출신도 입후보할 수 있었습니다. 이 총 선거로 동독 의회는 연방 의회로 완전히 통합되었습니다.

입장 선택하기

A **필요하지 않습니다.** 북한 주민이 선거에 참여할 경우 **민주주의와 시장경제에 반대하는 정치 세력**이 생길 수도 있습니다.

1947년 유엔 총회에서 통과된 남북 총 선거 결의안에 근거해 남한의 단독 선거가 치러졌고, 이렇게 수립된 대한민국 정부는 1948년 12월 12일 한반도 유일의 합법 민주 정부로 유엔에서 승인받았습니다. 북한은 유엔의 총 선거안을 거부했을 뿐 아니라, 대한민국 정부 수립 이후 조선민주주의인민공화국을 선포함으로써 분단을 고착시켰습니다.

북한에는 하나의 정당과 정치 세력만 있지만, 남한에는 다양한 정치 세력이 존재하기 때문에 선거로 통일 정부를 수립한다면 북한의 정치세력이 남한의 정치 세력보다 더 큰 힘을 얻을 수 있습니다. 북한의 체제를 지지하는 세력이 다수인 상황에서 총 선거를 하면, 자본주의 경제에 기반한 자유민주주의 체제가 사회주의 체제보다 우월한 것이 확실한 데도 불구하고 선거에서 승리할 수 없기 때문에 총 선거는 바람직한 통일방안이 아닙니다.

독일은 통일하는 과정에서 사실상 총 선거를 실시하지 않았습니다. 동독 주민들의 민주화로 시작된 동독의 위기가 선거로 이어졌기 때문입니다. 동독 주민들은 동독 정부의 교체를 원했고 결국 서독 연방으로 편입하는 방식의 통일을 선택했습니다. 이처럼 통일을 위해 꼭 모든 주민이 참여하는 방식의 선거가 필요한 것은 아닙니다.

B **필요합니다.** 국가를 구성하는 **모든 성원의 정치적 자유와 평등이 존중**되어야 합니다.

남북한의 정부 수립 과정에서는 모든 성원의 정치적 자유와 평등을 존중한 결정이 없었습니다. 미국과 소련에 의해 분단된 상황에서 한반도의 정치적 결정은 점령 세력의 이해에 따라 좌우되었습니다. 미소공동위원회의 합의 실패가 이를 단적으로 보여줍니다. 좌우합작 세력은 남북 어디에서도 민족 내부의 이념적 갈등을 중재하고 통합할 기회를 얻지 못했고, 점령군의 지원을 받을 수 있는 세력들만이 남북의 인민을 대표할 지위를 가졌습니다.

단독 선거와 정부 수립 과정에서도 역시 체제의 정당성을 훼손하는 세력들을 배제하며 이루어졌습니다. 북한 정부는 토지 개혁을 통해 자본가 계급을 축출한 후 인민위원회를 구성했고, 남한 정부는 제주 4.3 사건과 같이 반정부 세력을 탄압하는 국가 폭력을 자행했습니다. 이어지는 남북한의 역사는 이러한 '국민화' 과정의 연속이었습니다.

통일 과정에서는 과거의 잘못을 반복하지 않기 위해 한반도의 운명을 결정할 권리를 외국이나 좌우로 경도된 일부 세력이 아닌 모든 주민들에게 주어야 합니다. 독일 통일의 경우, 동독 주민이 선거를 통해 서독 체제로의 흡수를 선택했습니다. 하지만 남북 정부는 주민들이 어떤 체제를 원하는지 어떤 통일방안을 선호하는지 확인한 적이 없습니다. 통일 정부를 수립하기 위해서는 남북한 주민의 정치적 자유와 선택이 가장 먼저 존중되어야 합니다.

선택한 입장을 워크시트에 기록하고,
A입장을 선택했다면 ☞ 94쪽으로
B입장을 선택했다면 ☞ 57쪽으로

당신은 통일에 찬성하시나요?

● A ● B

북한 인권 문제에 대한
당신의 입장은 어느 쪽에 가까운가요?

● A ● B

북핵 문제에 대한
당신의 입장은 어느 쪽에 가까운가요?

● A ● B

43쪽을 참고하여 위의 선택에 해당하는 페이지로 이동하세요.

통일	북한 인권 문제	북핵 문제
A	A	A
A	A	B
	B	A
	B	B
B	A	A

○ 흡수통일

○ 현상유지

	A	B
B	B	A
	B	B

통일 정부를 구성하기 위해
남북 주민 모두 참여하는
총 선거가 필요할까요?

● A ● B

종전선언은
꼭 해야 하나요?

● A ● B

북한 정부가 **현재 남북의 정치·경제체제**를 그대로 두고 그 위에 **연방 정부를 구성**하자고 제안합니다. **최선의 통일방안**일까요?

● A ● B

○ 연방제 ○ 합의통일

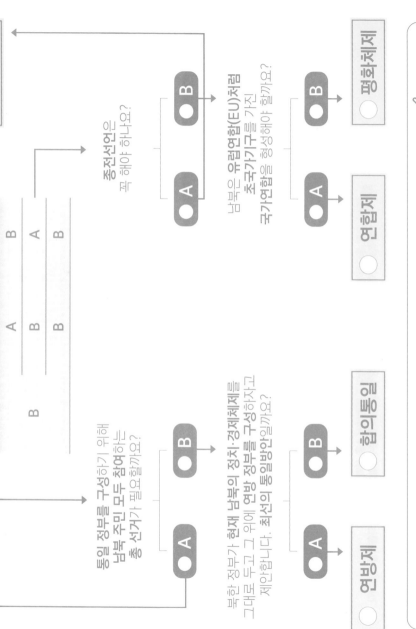

남북은 **유럽연합(EU)처럼**
초국가기구를 가진
국가연합을 형성해야 할까요?

● A ● B

○ 연합제 ○ 평화체제

1부 결과를 확인했다면 여섯 가지 미래 남북관계 형태와 이어지는 1부 해제 읽기로 이동하세요. ☞ 94쪽

북한 정부가 **현재 남북의 정치·경제체제를 그대로 두고** 그 위에 **연방 정부를 구성하자**고 제안합니다. **최선의 통일방안**일까요?

A 최선입니다.

오랜 시간 다른 체제로 살아 온 만큼 남북 지역의 자치권을 인정하고 **연방 정부를 수립**해야 합니다.

B 최선이 아닙니다.

한 국가 내 두 체제가 있는 것은 진정한 통일이 아닙니다. **합의를 통해 하나의 체제로** 통일해야 합니다.

○○○○●○○

남북의 체제를 각각 유지한 채로 통일이 가능할까요?

남북의 헌법을 보면 두 국가의 정치·경제체제와 통일에 대한 입장의 차이가 확실히 드러납니다. 〈대한민국 헌법〉이하 남한 헌법 전문은 “자율과 조화를 바탕으로 자유민주적 기본질서를 더욱 확고히”할 것을, 〈조선민주주의인민공화국 사회주의헌법〉이하 북한 헌법 전문은 “위대한 수령 김일성동지의 사상과 령도를 구현한 주체의 사회주의조국”임을 명시하고 있습니다. 이어서 남한 헌법 제1조는 “①대한민국은 민주공화국이다. ②대한민국의 주권은 국민에게 있고, 모든 권력은 국민으로부터 나온다”이며, 북한 헌법 제1조는 “조선민주주의인민공화국은 전체 조선인민의 리익을 대표하는 자주적인 사회주의국가이다”입니다.

또한 남한 헌법 제4조는 “대한민국은 통일을 지향하며, 자유민주적 기본질서에 입각한 평화적 통일 정책을 수립하고 이를 추진한다”라고 하는 반면, 북한 헌법 제9조는 “조선민주주의인민공화국은 북반부에서 인민정권을 강화하고 사상, 기술, 문화의 3대혁명을 힘있게 벌려 사회주의의 완전한 승리를 이룩하며 자주, 평화통일, 민족대단결의 원칙에서 조국통일을 실현하기 위하여 투쟁한다”라고 합니다. 남북이 하나의 체제로 통일한다면, 남한 정부는 자유민주주의 체제로 북한은 사회주의 체제로 통일하겠다고 밝히고 있습니다.

이 상황에서 남과 북이 통일을 해야 한다면 어느 한 체제를 선택하거나, 서로의 체제를 유지한 채로 통일을 할 수 있는 방안을 모색해야 합니다. 북한은 서로의 체제를 유지하는 통일방안으로 남과 북이 각자의 정부를 유지하고 상위에 연방정부를 설립하는 연방제를 제안했습니다. 북한은 1990년대 중반부터 일종의 연방 정부인 ‘민족통일기구’를 설립하는 ‘낮은 단계의 연방제'를 제안했습니다. 낮은 단계의 연방제는 하나의 주권 국가로 통일하되, 공동으로 결정해야 하는 문제는 연방 정부에 위임하고 국방과 외교를 비롯해 현재 남북의 통치권을 그대로 유지하자는 내용을 담고 있습니다.

북한은 서로 다른 체제가 공존하는 연방 국가를 지향하지만, 그 구체적 내용과 의도는 달라져 왔습니다.

북한이 처음부터 연방제 통일방안을 제안했던 것은 아닙니다. 북한은 '남조선혁명론'과 '민주기지론'을 내세우며 한반도의 자주권 회복과 사회주의 혁명을 통한 통일을 주장했습니다. 남한이 미국의 영향력 아래에 있으니 북한 지역에서 먼저 사회주의 혁명 역량을 강화한 후, 한반도 전역을 공산화하자는 일종의 대남 전략이자 통일 전략이었습니다.

1960년 4.19 혁명으로 북진통일을 주장했던 이승만 대통령이 하야하자 북한은 통일 문제를 논의할 수 있는 적절한 시기라고 판단했습니다. 김일성 주석은 같은 해 8.15 경축사에서 '남북의 자유로운 총 선거'를 제안했습니다. 이는 북한이 남한보다 체제적으로 우월하다는 자신감을 보여주는 대목이었습니다. 동시에 북한은 남북 자유 총 선거가 어렵다면 '과도기적 대책으로서의 연방제'를 제안했습니다. 당시는 북한이 남한보다 경제적으로 우위에 있었고 남북 간 대화는 전혀 없던 시기였습니다. 이런 상황에서 북한 주도의 통일은 남측에서 거부할 것이 분명하기에, 남한 체제를 유지하는 연방제 방식으로 통일한 이후 결국 북한 체제로 흡수될 것을 의도한 것입니다. 표면적으로는 연방제를 얘기했지만 궁극적으로 전 한반도의 공산주의화를 이룩하고자 했습니다.

그러나 1960년대 말부터 동서 간 냉전 구도가 잠시 완화되자 1971년 남과 북은 분단 이후 최초로 남북적십자회담을 개최하여 대화를 시작했고, 1972년에는 '7.4 남북공동성명'에 합의했습니다. 이 합의에서 남과 북은 외세에 의존하거나 간섭받지 않고 평화적 방법으로 통일을 이루자는 원칙에 합의했습니다.

1973년에 북한은 '남북연방제'에 이어 '조국통일 5대 강령'을 발표합니다. 내용으로는 ①남북 간의 군사적 대치상태의 해소와 긴장상태의 완화, ②남북 간의 다방면적인 합작과 교류의 실현, ③남북의 각계각층 인민들과 각 정당 사회단체 대표들로 구성되는 대민족회의 소집, ④고려연방공화국을 국호로 하는 남북연방제고려연방제의 실시, ⑤고려연방공화국이라는 단일국호에 의한 유엔 가입 등을 담고 있습니다.

1980년대는 과도기 단계로 설정했던 연방제를 최종적인 통일 형태로 수정합니다. 1980년 10월 조선로동당 제6차 대회에서 발표한 '고려민주연방공화국 창립방안'을 보면 연방제를 완성된 통일 국가의 형태로 설정합니다. 이러한 변화의 이유에는 남한이 북한보다 여러 면으로 우세해지면서, 역으로 북한이 남한에 흡수되지 않고 체제를 유지하기 위한 측면이 있었습니다. 다만 연방제 통일을 위한 전제 조건으로 남한의 반공법 및 국가보안법 폐지와 주한미군 철수를 주장했습니다.

북한의 연방제 통일방안은 시간이 갈수록 통합의 제안 정도가 느슨해졌습니다. 1991년 신년사에서는 '1민족 1국가 2제도 2정부'에 기초한 연방제를 발표했는데, 이는 남북이 하나의 국가로 통일하되 남북의 제도와 정부를 모두 유지하자는 내용이었습니다.

2000년 남북정상회담 이후에는 현재 남북 정부가 국방, 외교, 입법 및 사법권에서 각각 권한을 갖는 낮은 단계의 연방제 통일방안을 제시합니다. 이는 고려민주연방공화국 창립방안보다 더 느슨한 통일방안이었습니다. 따라서 현재 북한이 제시하는 연방제는 연방 정부의 권한이 적어 국가연합에 가깝다는 평가도 있습니다.

남북 정상은 2000년 평양에서 열린 남북정상회담에서 '6.15 남북공동선언' 제2항을 통해 "남과 북은 나라의 통일을 위한 남측의 연합제안과 북측의 낮은 단계의 연방제안이 서로 공통성이 있다고 인정하고 앞으로 이 방향에서 통일을 지향시켜 나가기로 하였다"라고 선언했습니다. 두 가지 방안이 지역 정부가 현재의 권한을 그대로 갖는다는 점과 남북관계를 논의하는 공동기구를 창설한다는 점에서 유사하다고 본 것입니다. 다만 주요한 차이점은 남한이 제시하는 연합제가 '1민족 1국가 1제도 1정부'의 통일로 가는 단계라면 북한의 연방제는 최종적인 통일 국가 형태라는 것입니다.

연방 국가는 독립적인 자치권을 보유한 지방 정부와 상위 권한을 가진 연방 정부로 구성됩니다.

연방제는 우리에게는 낯선 개념이지만 미국, 독일, 캐나다, 스위스, 오스트리아와 같은 많은 국가들이 연방제를 택하고 있습니다. 연방 국가를 이해하기 위해서는 연방 정부와 지방 정부의 관계를 이해해야 합니다.

가장 오래된 연방 국가인 미국의 경우, 북아메리카 지역에 있던 13개의 영국 식민지가 독립하면서 수립되었습니다. 이미 독립적인 정부를 갖고 있었던 13개 지역은 처음에는 연합 수준에 머물렀으나, 1776년 연방헌법을 만들고 일정 권한을 연방 정부에 양도하면서 연방 국가로 발전했습니다. 현재 미국은 50개의 주 정부로 구성되어 있습니다. 주 정부가 각 주에 대한 자치권을 보유하고 있는 것과 달리, 연방 정부는 특정 주에 대한 통치 권한은 없으며 독립된 행정구역구에 위치해 있습니다.

연방 정부는 국가를 대표하는 정부로 연방 정부가 가진 권한의 정도와 적용 범위는 나라마다 상이합니다. 미국은 연방법과 각 주의 법이 따로 존재합니다. 전반적으로 연방법이 적용되지만 각 주별로 법을 제정해 관할

지역 내 독점적으로 권한을 행사할 수 있습니다. 또한 미국은 사법제도 중 민법과 형법 부분을 지방 정부에 이양하는 반면, 다른 연방 국가인 스위스는 연방 정부가 해당 권한을 모두 가지고 있습니다. 법률뿐 아니라 국방, 외교, 조세, 사법, 사회보장제도 등의 영역도 마찬가지로 각 국가마다 연방 정부와 지방 정부 간 권력 분산 정도에 차이가 있습니다. 대체로 지방 정부가 높은 수준의 자치권을 갖고 있되, 연방 정부는 헌법에 명시된 권한에 한하여 주 정부의 상위 권한을 가지며 주로 대외관계 및 국가 전체를 대표하는 업무를 책임집니다.

지금까지 서로 다른 체제의 지방 정부를 가진 연방 국가는 없었습니다.

현존하는 연방 국가와 북한이 통일방안으로 제시한 연방제를 비교해 보면 지금의 남북 정부를 그대로 지방 정부로 계승한다는 점 외에는 연방 국가와 구체적인 공통점을 찾을 수 없습니다. 따라서 연방제를 통일방안으로 유의미하게 고려하기 위해서는 북한이 제시한 내용이 아닌 보편적인 연방제 개념으로 이해해야 합니다.

만일 연방제로 통일한다면 미국의 사례처럼 지금의 남북 정부가 참여하여 연방 헌법을 만든 후, 이를 기반으로 각 정부의 권한 중 일부를 연방 정부에 양도해야 합니다. 그리고 지금의 남북 정부는 통일된 연방 국가의 지방 정부가 되어 현재 통치하고 있는 지역의 체제와 제도를 그대로 운영하게 됩니다. 이 말은 곧, 남북의 상이한 두 가지 정치·경제체제가 한 국가에 공존한다는 것을 의미합니다. 그런데 지금까지 서로 다른 체제의 두 정부가 연방을 형성한 사례는 역사적으로 없었습니다.

정확히 일치하는 사례는 아니지만 상상을 돕기 위해 사회주의 국가인 중국 내에서 자유민주주의 정치·경제체제로 운영되는 홍콩, 마카오 사례를 살펴볼 수 있습니다. 1982년 덩샤오핑은 '한 국가, 두 제도'를 의미하는 일국양제一國兩制 원칙을 제시하면서 대만과 홍콩, 마카오를 대상으로 하는 통일정책을 발표합니다. 지금처럼 중국 중앙 정부는 사회주의 체제로 운영하되 대만과 홍콩, 마카오는 자본주의 체제로 운영하는 특별행정구로 지정하고 자치권을 부여한다는 내용입니다. 해당 정책은 중국이 영국으로부터 홍콩을 이양 받은 1997년부터 본격적으로 적용되었습니다.

1984년 중국은 영국과 '홍콩 반환 협정'을 맺으면서 당시 홍콩의 정치·경제체제를 50년간 보장할 것을 약속합니다. 해당 협정문은 홍콩을 특별자치구로 지정하여 행정부·입법부·사법부를 독립적으로 운영하고 반환 전의 홍콩 기본법을 그대로 유지하는 것을 내용으로 합니다. 해당 지역을 관할하는 행정장관은 각 지역 내 선거 결과에 기초해 최종적으로 중앙 정부가 임명합니다. 또한 홍콩 정부는 홍콩 달러를 직접 발행하고 독립적인 재정을 운영하되 예산과 결산은 중앙 정부에 보고해야 합니다. 이처럼 홍콩은 외교와 국방을 제외하고는 높은 수준의 자치권을 누리고 있습니다. 그러나 홍콩 반환 협정에서 홍콩 정부는 중국 국무원과 중앙 정부의 직접적인 지휘 하에 있다는 것이 명시되어 사실 언제라도 중앙 정부가 홍콩 문제에 개입할 수 있습니다. 1999년 포르투갈로부터 반환된 마카오에도 홍콩과 비슷한 수준의 권한이 적용되었습니다.

반환 초기, 국제사회는 중국이 협정 내용과는 달리 홍콩과 마카오의 체제를 사회주의로 전환시키기 위해 적극적으로 내정 간섭을 할 것이라고 예상했습니다. 홍콩이 중국으로 이양되기 직전까지 약 50만 명의 홍콩 시민들은 자유와 인권이 침해될 것을 우려하여 이민을 선택하기도 했습니다. 하지만 초기의 우려와는 달리 중국이 홍콩과 마카오 정부를 탄압하는 모습은 잘 보이지 않았습니다. 이는 중국도 일국양제로 얻는 이익이 있었기 때문입니다. 중국은 홍콩을 통해 자본주의 국가들과 경제적인 교류를 하는 관문을 확보할 수 있었고, 1997년을 기준으로 중국 전체 GDP의

17%를 홍콩이 차지했을 정도로 비중이 컸습니다. 뿐만 아니라 중국은 50년간 홍콩과 마카오와 점진적으로 사회·문화적 통합을 이룰 수 있는 시간도 얻었습니다. 물론 중국이 많은 부분에서 자본주의화, 국제화되면서 두 체제가 공존할 수 있는 여지가 높아지기도 했습니다.

그러나 2014년 이후 몇 년 동안 홍콩에서 일어난 시위는 두 체제의 공존이 불가능하다는 의심을 불러일으켰습니다. 2014년, 우산 혁명은 중국이 반 중국 인사를 행정장관 후보에서 제외하자, 홍콩 시민들이 '행정장관 완전 직선제'를 요구하면서 시작되었습니다. 2019년에는 범죄자를 중국 본토로 송환하는 '범죄인 인도 조례' 제정 문제를 계기로 시위가 발생했습니다. 홍콩 시민들은 중앙 정부와 마찬가지인 중국 공산당이 사실상 홍콩 정부를 통제하고 내정 간섭함으로써 홍콩의 민주주의를 침해하고 있다고 주장합니다. 그래서 2019년 시위는 민주화 시위라고도 불리며 시위대 중 일부는 홍콩의 완전한 독립을 요구하기도 했습니다. 홍콩 반환 협정에 따르면 홍콩은 2047년 중국의 체제로 완전히 흡수됩니다. 영속적으로 현재 홍콩의 체제를 유지할 수 없다는 점에서 앞으로 중국과 홍콩이 어떤 선택을 할지 다른 국가들도 주목하고 있습니다.

중국의 사례는 중앙 정부가 높은 자치권을 지방 정부에 부여한다는 점에서 얼핏 보면 연방제처럼 보일 수 있습니다. 하지만 중국의 중앙 정부는 연방 정부처럼 지역과 분리된 독립 정부가 아니라, 중국 전체 지역을 관할하는 강력한 형태의 중앙집권형 정부입니다. 따라서 현재 중국-홍콩의 관계는 독립된 지방 정부라기 보다는 남한-제주도의 관계처럼 지방 자치에 훨씬 가깝습니다. 중국의 일국양제를 통해 한 국가에서 두 체제가 운영되는 실제 사례를 볼 수는 있지만, 한 체제가 다른 체제에 종속되어 있다는 점에서 연방제와는 확실히 차이가 있습니다.

입장 선택하기

A **최선입니다.**
오랜 시간 다른 체제로 살아 온 만큼 남북 지역의 자치권을 인정하고 **연방 정부를 수립**해야 합니다.

북한은 남북의 체제를 모두 유지하는 연방제를 제안합니다. 하지만 연방 정부의 역할에 해당하는 '민족통일기구'의 권한이 많지 않고 지방 정부가 국방과 외교 등 국가의 주요 역할까지 담당하고 있기 때문에 사실상 국가연합에 가까워 보입니다. 따라서 연방제를 통일방안으로 고려한다면, 북한이 제시한 연방제가 아닌 보편적으로 이해되는 연방제를 기준으로 해야 합니다.

연방제는 통일 이후 겪을 수 있는 정치·문화적 혼란을 줄이면서 공동의 목표와 이익을 추구할 수 있는 현실적인 통일방안입니다. 미국의 경우에는 과거에 독립적으로 존재하던 국가들이 연방 정부에 국가를 대표하는 권한을 이양했고, 주 정부는 높은 수준의 자치권을 유지하여 통일한 이후 발생할 수 있는 혼란을 줄였습니다. 그리고 중국은 홍콩과 마카오에 사회주의 체제를 바로 이식하지 않고 각 지역의 정치·경제체제를 그대로 보장했습니다. 홍콩의 경우에는 중국 정부와 갈등을 겪고는 있지만 마카오의 경우 상대적으로 정치적 안정을 누리고 있습니다.

남북은 70년 넘게 경쟁적으로 서로의 체제를 유지해왔습니다. 그러다보니 통일을 위해 서로의 체제를 포기한다는 것은 현실적으로 불가능해 보입니다. 지금의 제도와 체제를 유지한 채로 공정하게 합의된 연방 헌법 하에 연방 정부를 수립하는 것이 현실적입니다.

Ⓑ **최선이 아닙니다.**
한 국가 내 두 체제가 있는 것은 진정한 통일이 아닙니다.
합의를 통해 하나의 체제로 통일해야 합니다.

연방제 통일방안은 한 국가에 두 체제가 양립하는 것이 불안정하다는 점, 그리고 강력한 중앙집권형 국가인 남북이 중앙·지방 간 권력 분산을 핵심으로 하는 연방제를 원활하게 수행할 가능성이 낮다는 점에서 불가능합니다. 특히 홍콩에서 2014년, 2019년에 발생한 시위를 통해 더 큰 힘을 가진 체제가 다른 체제를 억압할 수 있다는 것을 확인했습니다. 남북의 경우, 인구 규모나 경제적 수준에서 우위가 있는 남한이 남한에 더욱 유리하도록 북한의 체제와 제도에 간섭하고 영향력을 미칠 수도 있습니다.

그리고 남북은 지방 자치가 활성화되어 있는 미국이나 독일과는 달리 오랜 기간 중앙집권적 정치·경제체제를 유지해왔습니다. 남한만 해도 2000년대부터 지방 자치를 도입하고 지역 균형 발전을 위해 많은 노력을 해왔지만 만족할 만한 진전은 없었습니다. 게다가 북한은 남한보다도 훨씬 더 강력한 중앙 집권 체제를 형성하고 있습니다. 따라서 연방 정부와 지방 정부 간 권력 분산이 원활하게 이루어질지, 남북 정부가 연방 정부에 상위 권한을 원활하게 이양할 수 있을지 확신하기 어렵습니다.

더 나아가 연방 정부가 중립성을 위해 어떤 정치·경제체제를 가져야 할지도 결정해야 합니다. 만일 연방제가 도입된 후 연방 정부가 제대로 자리잡지 못한다면, 남북은 다시 한번 분열의 길을 겪을 가능성이 큽니다. 즉, 현재 남북의 체제를 그대로 이양하는 방식이 아닌, 남북의 주민들이 합의한 한 가지의 체제로 통일하는 것이 훨씬 안정적입니다.

선택한 입장을 워크시트에 기록하고,

A입장을 선택했다면 ☞ 96쪽으로

B입장을 선택했다면 ☞ 98쪽으로

종전선언을
해야할까요?

Ⓐ **하지 말아야 합니다.**

북한의 핵 위협이 제거되지 않은 상태에서 종전선언은 **무의미**하며, 북한이 추가적으로 **미군 철수를 요구**할 수 있습니다.

Ⓑ **해야 합니다.**

남북 모두 **전쟁을 종식한다는 공식적 선언**이 될 것이며, **평화협정 체결을 위한 출발점**이 됩니다.

종전선언은 정전체제를 평화체제로 전환하는 길목에 있습니다.

종전은 전쟁의 일시적인 중단이 아닌 완전한 종결을 의미합니다. 현재까지도 남과 북은 1953년 전쟁을 '중지'하는 정전협정 상태에 있습니다. 따라서 종전선언은 정전협정을 평화협정으로 전환하는 시작점이 될 수 있습니다.

그런데 종전선언을 할 경우, 정전체제 유지 및 관리를 위해 만들어진 제도의 변화가 필요합니다. 이를테면 한국전쟁을 위해 만들어진 유엔군사령부이하 유엔사는 해체될 가능성이 있습니다. 한국군의 전시작전통제권을 가지고 있는 한미연합군사령부이하 연합사의 역할과 남한에 주둔하는 미군의 정당성과 역할도 달라질 가능성이 있습니다. 이러한 변화를 긍정적으로 생각하는 사람들도 있지만 동시에 우려하는 사람들도 있습니다.

따라서 종전선언에 찬성하거나 반대하는 입장을 이해하기 위해서는 정전협정, 유엔사, 연합사, 주한미군철수 등 조금은 낯선 개념들을 살펴봐야 합니다.

정전협정은 대한민국 정부가 아닌 유엔군사령부가 서명했습니다. 이후 한미는 상호방위조약을 체결합니다.

1950년 6월 25일 북한이 남한을 침공하며 한국전쟁이 발발하자, 유엔 안보리에서는 27일 유엔군의 이름으로 참전할 것을 결정합니다. 유엔은 미국을 유엔 안보리 결의 이행과 유엔군 활동을 지휘하는 국가로 지명했습니다. 이어 유엔 회원국이 제공한 군대와 지원의 원활한 운영을 위해 미국 주도의 유엔사를 만들자는 안건을 통과시켰습니다. 남한의 이승만 대통령은 1950년 7월 14일 "현재와 같은 적대상태가 지속되는 동안"에 "한

정전협정? 휴전협정?

북한은 '한국 군사 정전에 관한 협정'을 정전협정이라고 명시합니다. 그리고 협정체결일을 자본주의와 제국주의를 상징하는 미국의 침략에 맞서 자국의 영토를 지켜낸 '조국해방전쟁승리기념일'로 기념합니다. 반면 남한에서는 같은 협정에 대해 정전협정과 휴전협정이라는 용어를 혼용해왔습니다. 남북을 가로지르는 군사분계선은 '휴전선'이라고 부르면서, 한국전쟁 기념식에서는 '정전 OO주년'으로 표현합니다. 이에 대해 학자들은 '정전'은 휴전의 전제로서 짧은 기간의 적대 행위 중단으로, '휴전'은 전쟁 원인의 해결에 합의하지 않은 채 종료한 전쟁으로 구분하기도 합니다. 또한 이승만 정부가 전쟁 중단에 동의하지 않았고 협정 체결에 참여하지도 않았기 때문에, 정전이라는 단어에 거부감을 보였다는 평가도 있습니다. 이처럼 남한에서 정전보다 휴전이 더 많이 사용된 데에는 여러 해석이 있습니다.

국의 육해공군에 대한 지휘권"을 넘긴다고 맥아더 장군에게 서신을 보냅니다. 이후부터 유엔사가 한국군에 대한 작전지휘권을 행사하게 됩니다. 1953년 7월 27일 남한 정부는 참여하지 않은 채로 조선인민군 최고사령관 김일성, 중국인민지원군 사령관 펑더화이, 유엔군 총사령관 마크 클라크 세 사람이 '한국 군사 정전에 관한 협정이하 정전협정'에 서명했습니다.

이승만 대통령은 휴전에 반대했습니다. 한반도 이북에 소련과 중국 같은 사회주의 국가들이 존재하는 상황에서는 정전협정을 체결한다 해도 북한이 언제든 남한을 다시 침략할 수 있다고 믿었기 때문입니다. 전쟁을 중단하지 말고 끝까지 싸워 통일을 이루거나 그렇게 안 된다면 미국이 남한의 군사적 안보를 보장해야 한다고 주장했습니다. 하지만 당시 미국은 한국전쟁 지속과 방위조약 체결에 모두 소극적이었습니다.

이승만 대통령은 미국을 설득하기 위한 전략의 일환으로 2만 7천여 명의 반공 포로를 미국과 상의 없이 석방합니다. 포로 송환 문제는 정전협정의 주요 쟁점 사항이었는데, 한창 정전협정 테이블에서 논의 중인 사안을 이승만 대통령이 단독으로 결정해버린 것입니다. 이 사건을 계기로 미국은 휴전에 반대하며 독자적으로 행동하는 남한 정부를 방치하는 것보다 상호방위조약을 체결하는 것이 낫다고 판단했고, 결국 '한미상호방위조약' 체결을 결정합니다.

그전부터 정전협정에 근거하여 유엔사는 한국군의 작전통제권을 행사할 수 있었습니다. 그런데 유엔사는 미국의 작전 통제를 받기 때문에 한국군도 사실상 미국의 통제 하에 있는 것과 마찬가지였습니다. 이 내용은 1954년 한미상호방위조약 체결 이후에도 동일하게 적용됩니다. 한미상호방위조약과 함께 체결된 한미합의의사록 제2조에 "대한민국은 상호협의에 의하여 그렇게 하는 것이 상호 이익에 가장 유리하기 때문에 변경하는 경우가 아니면, 유엔군 사령부가 대한민국의 방위를 책임지는 한, 그 군대를 유엔군사령부의 작전통제권 하에 둔다"고 명시되어 있습니다.

북한은 주한미군의 주둔은 물론, 한국군의 전시작전통제권을 미국이 보유하고 있는 것을 비판합니다. 정전협정에서 "한국으로부터의 모든 외국군대의 철수 및 한국문제의 평화적 해결문제들을 협의할 것을 이에 건의한다정전협정 제60항"라고 합의를 했음에도 미국이 남한에 계속 주둔하고 있는 것은 정전협정 위반이라고 보기 때문입니다.

1960년대 말, 남북관계가 악화되는 가운데 냉전은 완화됩니다.

1968년 1월 21일 한반도는 군사적 긴장과 위기에 휩싸였습니다. 북한 정찰국 소속 공작원 31명이 박정희 대통령 암살을 위해 청와대 근처까지 내려왔습니다1.21 사건. 1.21 사건 이후 남북관계는 최악의 상황으로 치달

았고 박정희 대통령은 북한을 향한 엄중한 항의와 보복 조치를 원했습니다. 하지만 당시 베트남 전쟁으로 반전 여론이 우세했던 미국은 한반도에까지 긴장 상황이 확대되는 걸 원치 않아 남한에게 보복 공격보다는 외교적 해결을 제안했습니다. 이틀 뒤 이번에는 동해를 정찰하던 미 해군 소속 푸에블로호가 북한군에게 나포됩니다. 푸에블로호가 북한의 영해를 불법적으로 침입했다는 이유에서였습니다. 이번에도 미국은 강경 대응보다는 북한의 요구를 다소 수용하여 푸에블로호 승무원을 송환받는 것을 선택했습니다.

1969년에는 새롭게 취임한 닉슨 대통령이 '닉슨 독트린'을 발표합니다. 중국과의 관계를 개선하고 우방국에 파견한 미군 병력을 점진적으로 감축한다는 내용이었습니다. 경제 불황 속에서 베트남 전쟁이 장기화되자, 미국은 공산권과 화해 정책을 펼치며 방위비 감축을 추진합니다. 이런 맥락에서 1971년 주한미군 제7사단 병력 감축이 결정됩니다. 1.21 사건과 푸에블로호 사건을 미온적으로 해결했던 미국이 병력도 감축하려 하자 박정희 대통령은 미국 주도로 진행되는 유엔사 중심의 지휘체계의 문제가 있다고 인식했습니다. 이후 박정희 대통령은 주한미군의 병력 감축에 반대하는 동시에 '자주국방', '국방의 주체성'을 강조하기 시작했습니다. 남한의 호전적이고 단독적인 국방정책에 불안감을 느낀 미국은 결국 같은 해 한국군 현대화 비용을 지원하고 한미연합 1군단 창설에 합의합니다.

미중 관계 개선은 유엔사의 단계적 해체 논의를 불러왔습니다.

1971년 닉슨 대통령의 안보보좌관이었던 헨리 키신저가 극비리에 베이징을 방문해 중국의 저우언라이 총리와 회담을 가진 데 이어 1972년 닉슨 대통령과 마오쩌둥 주석 간의 역사적인 미중정상회담이 성사되었습니다. 미중 관계 개선은 경색된 남북관계에도 영향을 미쳤습니다.

1960~70년대 동서 간 냉전의 완화, 데탕트détente, 긴장완화

제2차 세계대전 이후 미국을 중심으로 하는 자본주의 진영 국가와 소련을 중심으로 하는 사회주의 진영 국가 간의 대립을 냉전Cold War이라고 합니다. 당시 미국과 소련 간 직접적인 충돌은 발생하지 않았지만 군사 동맹, 핵무기 개발, 첩보전, 기술 경쟁 등을 통해 대립했고, 한국전쟁, 베트남 전쟁 등에서 대리전을 펼쳐왔습니다.

소련과 미국으로 양극화된 구도는 1960년대 같은 진영이었던 중국과 소련이 대립하고, 프랑스와 서독이 독자적인 외교를 펼치며 미국과 거리를 두면서 조금씩 다극화되었습니다. 특히 1958년부터 이어진 중국과 소련 간 분쟁이 1969년 국경 지역에서의 군사적 충돌로 이어지자, 닉슨 대통령은 두 국가의 갈등을 냉전 구도에 변화를 줄 기회로 여겼습니다.

닉슨 대통령은 1970년 닉슨 독트린의 발표를 통해서 '대결의 시대에서 협상의 시대로' 전환할 것을 선포하고, 중국을 견제하기 위해 아시아에 배치했던 미군 병력을 감축했습니다. 중국 또한 내부 정치 문제를 해결하기 위해 국제관계에서 국면전환이 필요했던 시기였습니다. 1972년 닉슨 대통령은 연이어 베이징과 모스크바를 방문하고 소련의 서기장 브레즈네프와 함께 데탕트라는 새로운 정책을 바탕으로 하는 '평화적 공존' 시대를 선포합니다. 소련도 경제 침체 등 국내 위기 극복과 중국과의 외교적 경쟁을 위해 대화의 방식으로 미국과의 관계를 개선하기로 합니다.

냉전의 완화는 남북관계에도 영향을 미쳤습니다. 1972년 남북은 분단 이후 최초로 대화를 시도하는 등의 평화적인 태도를 보이고, 경쟁적으로 평화적인 방법을 통한 통일을 강조했습니다. 그러면서도 미국과 중국은 한반도 문제에 개입을 줄일 경우, 남북이 서로에게 안보 위협으로 작용할 것을 우려해 냉전 해체 구도에 적극적으로 참여하지는 않았습니다. 북한은 1972년에 사회주의 헌법을 개정하고 남한은 유신헌법을 개정하는 등 서로의 체제를 강화해 나갔습니다.

1973년 제28차 유엔 총회에서는 한국전쟁 후 남한 재건을 목적으로 설립된 언커크UNCURK, UN Commission for the Unification and Rehabilltation of Korea를 해체하고 1974년에는 유엔사 해체를 추진하는 결의안이 통과됩니다. 이 결의안은 미국과 중국이 관계 개선을 위해 사전에 합의한 내용이었습니다. 해당 합의를 진전시키기 위해 중국은 북한을 설득하고, 미국은 남한 측에 남북 간 불가침 협정과 유엔사 권한을 한국군이 인계 받을 것을 제안했습니다. 그러나 북한은 주한미군 철수 및 평화협정 없이 유엔사를 해체하는 것은 기만책에 불과하다고 비판하며 강경한 태도를 보였습니다.

1975년 제30차 유엔 총회에서는 서로의 입장이 다시 한번 충돌했습니다. 남한과 미국을 비롯한 서방측은 정전협정의 유지를 위한 대안적 조치를 마련한 이후 1976년까지 유엔사 해체를 희망한다는 결의안을 제시했고, 북한과 중국을 비롯한 공산 진영은 유엔사의 즉각적인 해체와 외국군의 철수, 정전협정을 평화협정으로 대체할 것을 주장하는 결의안을 제시했습니다. 공교롭게도 내용상 충돌하는 두 결의안은 회원국 모두에게 다수표를 얻어 유엔 총회에서 채택되었습니다. 하지만 모순된 두 결의안을 동시에 이행하는 것은 불가능한 일이었습니다. 이와 같은 상황은 남북 문제와 관련한 결의안을 유엔에서 경쟁적으로 상정하는 것이 과연 적절한가라는 국제 여론을 형성하는 계기가 되었습니다.

현재의 한미연합군사지휘체계는 1978년에 형성되었습니다.

1977년 카터 대통령이 당선됩니다. 그는 닉슨 대통령의 대외정책 기조를 이어받아 4~5년 이내 주한미군의 지상 전투 병력의 완전 철수 계획을 발표했습니다. 미국은 미중 관계 정상화와 주한미군 철수로 북한의 변화를 이끌어내서 남북 대화를 재개시키고 정전체제 내에서 유엔사를 해체하는, 한반도 긴장완화 정책을 다시 추진하고자 했습니다. 그러나 카터 정부의 주한미군 완전 철수 결정은 남한 정부와는 사전 협의 없는 일방적 추진과 통보였습니다. 박정희 정부는 이에 대해 강력히 항의하며 미군이 철수한다면 한국군 작전통제권도 돌려받아야겠다고 주장했습니다.

또한 1976년에 발생한 판문점 도끼만행 사건도 주한미군 철수 정책에 제동을 걸었습니다. 판문점 공동경비구역 안에서 미군이 미루나무 가지치기 작업을 하는 도중, 북한군이 항의하며 도끼를 휘둘러 미군 장교 2명이 사망했습니다. 계속되는 북한의 도발과 남한 정부의 지속적인 강경 대응 의사를 확인한 미국은 남한 정부에게 작전통제권이 넘어가는 것은 위험한 일이라 판단했습니다. 결과적으로 미국은 명목상의 기능만 남았던 유엔사의 역할을 정전협정 관리로 제한하고 1978년 연합사를 창설하여 한국군에 대한 작전통제권을 남한과 미국이 함께 보유할 것을 결정합니다. 그리고 카터 대통령이 추진했던 주한미군 철수 계획은 이어지는 레이건 정부 시기에 완전 백지화되었습니다. 이후 주한미군 철수 논의가 공식적으로 진행된 적은 없었지만 1994년에 작전통제권 중 전시작전통제권을 제외한 평시작전통제권은 남한으로 넘어왔습니다.

종전선언은 2006년부터 본격적으로 언급되기 시작했습니다.

남한의 대북정책은 정권마다 다르지만 크게는 북한과의 관계를 단절하고 변화가 선행되기를 기다리거나, 북한과 적극적으로 교류하여 개혁개방을 유도하는 방식으로 나눌 수 있습니다. 이 장에서 살펴보고 있는 종전선언은 후자의 방식을 선택한 정부에서 주로 논의되었습니다.

1991년 노태우 정부 시기 남과 북은 '남북 사이의 화해와 불가침 및 교류·협력에 관한 합의서이하 남북기본합의서'에서 "남과 북은 현 정전상태를 남북 사이의 공고한 평화상태로 전환시키기 위하여 공동으로 노력하며 이러한 평화상태가 이룩될 때까지 현 군사정전협정을 준수한다"고 밝히며, 남북관계가 정전체제 하에 규정되고 있다는 것을 확인합니다. 1992년에는 '남북기본합의서의 제1장 남북화해의 이행과 준수를 위한 부속합의서'를 채택하고, "남과 북은 현 정전상태를 남북 사이의 공고한 평화상태로 전환시키기 위하여 적절한 대책을 강구한다"는 내용을 담았습니다. 이렇듯 정전체제를 전환하는데는 합의가 있었지만 노태우 정부 말기, 그리고 이어진 김영삼 정부의 대북정책에는 적극적으로 반영되지 못했습니다.

김대중 정부 시기에는 남북관계 개선을 적극적으로 시도했습니다. 최초로 남북정상회담이 성사되었고 한반도 평화체제를 추진해 나갔습니다. 노무현 정부는 이와 같은 대북정책 기조를 이어받았습니다. 노무현 정부의 노력으로 2006년 한미정상회담에서 조지 부시 대통령은 "북한이 핵을 포기하면, 종전선언과 평화조약을 체결할 용의가 있다"고 처음으로 종전선언을 언급했습니다. 2007년에 열린 남북정상회담에서는 종전선언 의지를 담은 '남북관계 발전과 평화번영을 위한 선언이하 10.4 남북정상선언'을 발표합니다. 두 정상은 "남과 북은 현 정전체제를 종식시키고 항구적인 평화체제를 구축해나가야 한다는 데 인식을 같이하고 직접 관련된 3자 또는 4자 정상들이 한반도지역에서 만나 종전을 선언하는 문제를 추진하기 위해 협력해나가기로 하였다"는 합의를 이뤘습니다.

나아가 2007년 10월 22일 노무현 대통령은 한미안보협의회에서 2012년에 전시작전통제권을 반환 받는 계획을 발표합니다. 하지만 이 계획은 이명박 정부와 박근혜 정부를 거치면서 무기한 연기되었습니다. 이명박 정부와 박근혜 정부는 앞선 두 정부와는 달리 북한의 변화가 선행되어야 남북대화는 가능하다는 식으로 대북정책 기조를 선회했습니다. 두 정부는 북한의 도발과 이어지는 핵 실험 등에 대해서도 강경한 입장을 취했고 이전 정부가 추진해 온 평화체제 논의는 중단되었습니다.

그러나 문재인 정부가 남북관계 개선을 통한 한반도 평화체제를 다시 추진하기 시작하면서 2018년 종전선언이 다시 언급되었습니다. 평창동계올림픽 개최 이후 4월 판문점에서 열린 정상회담에서 문재인 대통령과 김정은 위원장은 "남과 북은 정전협정 체결 65주년이 되는 올해에 종전을 선언하고 정전협정을 평화협정으로 전환하며 항구적이고 공고한 평화체제 구축을 위한 남·북·미 3자 또는 남·북·미·중 4자회담 개최를 적극 추진해 나가기로 하였다"고 발표합니다. 2007년에 발표한 10.4 남북정상선언보다 더욱 구체적으로 종전선언의 시점과 평화협정 관련 절차를 제시했습니다. 종전선언에 이르지는 못했지만 논의가 시작되자 유엔사 해체 문제와 아직 반환되지 않은 전시작전통제권 이양 문제도 다시 수면 위로 떠오르기 시작했습니다.

종전선언과 주한미군 철수는 서로 연관되어 있을까요?

2018년 9월 폭스뉴스에서 문재인 대통령은 주한미군이 곧 철수하기를 바라느냐는 질문에 "평화협정이 체결되고 난 이후에도 심지어는 남북이 통일을 이루고 난 이후에도 동북아 전체의 안정과 평화를 위해서 주한미군이 계속 주둔할 필요가 있다고 생각한다"고 밝혔습니다. 통일 이후에도 주한미군이 주둔할 필요가 있다는 생각은 김대중, 노무현 대통령도 동일하게 가졌던 생각입니다. 몇몇 외교 전문가들 역시 유엔사의 해체와 주한미군의 철수는 종전선언과 관계없이 미국의 대외전략이 변해야 하는 문제라고 설명합니다.

북한은 정전협정 이후 원칙적으로 한반도 내 모든 외국군의 철수를 주장해왔고 남한과 미국 측에 일관되게 주한미군 철수를 요구해왔습니다. 그러나 2000년 남북정상회담 이후 김정일 위원장이 주한미군의 역할이 중립화되거나 평화유지군의 성격을 갖는다면 용인할 수 있다는 보도가 나오기도 했습니다. 물론 북한이 주한미군 철수 요구를 완전히 철회한 것은 아닙니다. 다른 인터뷰에서는 김정일 위원장이 미군의 '자진 철수'가 바람직하다고 밝혔고, 김정은 정부가 들어선 후에도 꾸준히 한미연합훈련을 공개적으로 비난하고 있습니다. 따라서 남북이 종전선언에는 동의하더라도, 주한미군 철수에는 서로 다른 생각을 보일 가능성은 여전히 남아있습니다.

입장 선택하기

A **하지 말아야 합니다.**
북한의 핵 위협이 제거되지 않은 상태에서 종전선언은 **무의미**하며, 북한이 추가적으로 **미군 철수를 요구**할 수 있습니다.

북한은 지속적으로 유엔사 해체와 주한미군 철수를 주장해왔습니다. 북한에게 주한미군은 북한의 안보를 위협하는 존재이기 때문입니다. 그러나 남한에게 주한미군은 한국전쟁 직후에 맺은 한미상호방위조약을 근거로 북한으로부터 남한의 안보를 지켜온 동맹군입니다. 이에 더해 주한미군은 북한뿐 아니라 중국과 러시아 등 남한의 안보에 위협이 될 수 있는 다른 국가들을 견제함으로써 전쟁을 억제하고 평화를 보장하고 있습니다.

사실 주한미군 철수는 미국에 의해서 먼저 제기되면서 위기를 겪었습니다. 1977년 카터 대통령은 데탕트에 발맞춰 주한미군 철수로 북한의 변화를 이끌어내겠다고 주장했습니다. 하지만 당시 박정희 대통령은 그럴 경우에는 작전통제권까지 돌려받겠다고 하며 강력히 항의했습니다. 그 결과 1978년 연합사를 창설하면서 한미동맹을 다시 굳건히 해왔습니다. 이후 미국에서 주한미군 철수 계획이 백지화되고 냉전체제가 해체된 이후에도 주한미군이 계속 주둔하고 있다는 사실은 주한미군의 실효성을 보여주는 것입니다.

2018년 판문점 선언에서 북한이 종전선언을 맺고 공고한 평화체제를 구축하겠다고 약속했지만 이는 주한미군 철수를 본격적으로 주장하기 위한 계기를 마련하려는 것에 불과합니다. 주한미군 철수는 한반도의 평화가 아닌 북한에게만 유리한 결과를 낳고, 이후 북한이 남한의 안보를 침범

하는 행동을 할 수도 있습니다. 따라서 북한과 종전선언을 하는 것은, 북한이 주한미군 철수를 본격적으로 주장할 수 있는 계기를 마련해 줄 뿐입니다.

해야 합니다.

B 남북 모두 **전쟁을 종식한다는 공식적 선언**이 될 것이며, **평화협정 체결을 위한 출발점**이 됩니다.

북한, 중국, 유엔이 맺은 정전협정에 의해 형성된 정전체제는 현재까지도 유엔사가 관리하고 있습니다. 유엔사는 정전 직후 포로송환 업무를 담당했었고 이후에는 판문점에 주둔하는 공동경비구역 경비대대와 비무장지대에 있는 경계초소 등을 운영하고 있습니다. 따라서 한반도 정전체제의 당사자가 남과 북임에도 불구하고 여전히 일부 문제의 결정권은 유엔에 있습니다.

1970년대에는 미국이 먼저 유엔사와 주한미국 감축을 주장한 적도 있었습니다. 하지만 당시 남한 정부의 거센 반대로 미국은 주한미군 철수 계획을 철회하고 연합사를 설립했습니다. 주한미군 사령관이 유엔군 사령관과 한미연합군 사령관을 겸직하고 있기 때문에 유엔사는 사실상 미군의 지휘 하에 있습니다. 그러다보니 북한 입장에서는 적대 국가가 정전체제를 관리하고 있는 것과 마찬가지입니다. 이렇게 복잡한 정전체제를 종전선언으로 정리하여 한반도 문제에 있어서 남과 북의 당사자 위치를 회복하고 적대적 관계를 해소해야 합니다.

종전선언은 주한미군 철수와 직결되지 않습니다. 왜냐하면 주한미군은 정전협정이 아니라 한미상호방위조약에 근거해 주둔하고 있기 때문입니다. 종전선언이 아니라 오히려 평화체제로의 진전이라는 안보 환경 변화에 따라 철수할 수도 있습니다. 이는 종전선언과 별도로 논의될 수 있는 주제입니다. 문재인 대통령을 비롯한 역대 정부는 남북이 통일을 하더라도 동북아 전체의 안정과 평화를 위해 주한미군 주둔은 필요하다고 밝힌 바 있습니다. 따라서 종전선언은 주한미군이 북한의 군사적 위협으로부터 남한을 보호하는 역할을 넘어서 한반도 및 동북아시아의 평화 유지에 보다 포괄적이고 건설적인 기여를 할 것입니다.

선택한 입장을 워크시트에 기록하고,

A입장을 선택했다면 ☞ 100쪽으로
B입장을 선택했다면 ☞ 82쪽으로

남북은 **유럽연합(EU)처럼 초국가기구를** 가진 **국가연합을** 형성해야 할까요?

Ⓐ 그렇습니다.

남북은 **공동의 역사를 지닌 특수 관계**입니다. 국가연합을 통해 불필요한 경제적·사회적 비용을 최소화하고, **상호 이익을 최대화**할 수 있습니다.

Ⓑ 아닙니다.

남북은 평화협정을 통해 분단으로 생긴 적대적 관계를 끝내고, **일반 국가의 관계로 교류하고 협력**하면 충분합니다.

남한 정부는 통일의 과정으로 남북연합을 제시했습니다. 일부에서는 연합제를 '사실상의 통일'로 해석합니다.

남북연합은 노태우 정부의 통일방안인 '한민족공동체 통일방안'에서 처음 등장했고, 김영삼 정부에서 이 통일방안을 계승·보완하여 '한민족공동체 건설을 위한 3단계 통일방안이하 민족공동체 통일방안'을 수립했습니다. 이어지는 정부에서도 큰 변화 없이 이 방안을 계승했습니다. 민족공동체 통일방안의 1단계는 화해협력 단계로 다양한 분야에서 남북교류와 협력을 지속적으로 강화시키는 것을 목표로 합니다. 2단계는 남북연합 단계로 남북교류를 지속하면서 남북 간 법적·제도적 장치를 체계화하는 공동기구를 구성합니다. 마지막 3단계는 통일 국가 완성 단계로 통일헌법을 제정하고 남북 총 선거를 통해 통일 국회를 구성하여 하나의 정치체제를 가진 통일 정부를 수립합니다.

하지만 민족공동체 통일방안은 통일과정을 크게 3단계로 나누기만 했을 뿐, 구체적인 계획을 담고 있지 않았습니다. 남북연합 단계의 공동기구는 남북 양국 간 대화를 제도화한 수준으로 연합이 아닌 평화체제에서도 충분히 가능합니다. 오히려 북한이 제시한 낮은 단계의 연방제의 '민족통일기구'가 국가연합의 초국가기구와 기능과 성격 면에서 유사합니다.

지금까지 남북연합은 크게 두 가지 의미로 해석되어 왔습니다. 첫 번째는 통일을 지향하면서도 섣부른 통일이 야기할 갈등을 우려한 '완충 단계'로의 연합제입니다. 연합제를 통해 점진적으로 제도·경제적 통합을 진전시키고 어느 정도 완성을 이루면 다음 단계인 정치적 통합으로 나아갈 수 있다는 것입니다. 하지만 이 경우, 궁극적으로 바라는 남북관계의 형태는 한 국가로의 통일이므로, 엄밀히 말하면 국가연합을 남북관계의 최종적인 미래상으로 지향한다고 할 수는 없습니다.

두 번째는 남북연합 자체를 '사실상의 통일'로 생각하는 것입니다. 가치적으로는 통일을 지향하는 것이 마땅하지만 분단된 기간과 여러 문제를 고려하면 현실적으로 한 국가로의 통일을 이루는 것이 어렵다는 것을 인정하는 입장입니다. 이들은 지금의 유럽연합을 남북연합의 모델로 고려하며 유럽연합 수준으로 경제·정치적 통합을 이룬다면 통일과 유사한 수준의 효과가 있다고 생각합니다. 그래서 남북연합을 통일의 대안으로 인정하면서도 원하는 수준의 통합과 지향은 한 국가에 가깝습니다.

지금까지 남한 사회에서 논의되어 온 연합제는 통일을 염원하는 마음에서 고려되어 온 대안적 형태에 불과했습니다. 그러나 이 책에서는 남북연합을 다른 남북관계의 형태와 구별되는 독립적인 방안으로 설정하기 위해서, 남북연합을 통일의 과정이나 대안이 아닌 독립적인 주권국가들이 공동의 목적과 이익을 추구하는 국가 간 공동체로 정의하고자 합니다.

연합제와 국가 간 조약의 가장 큰 차이점은 독립적인 힘을 행사할 수 있는 초국가기구의 유무입니다.

국가연합은 여러 주권국이 공동의 목적을 이루기 위해 맺은 일종의 조약과 다름 없지만 초국가기구가 존재한다는 점에서 차이가 있습니다. 예를 들어 대표적인 국가연합인 유엔과 유럽연합의 경우에는 회원국의 권한을 일부 이양 받은 초국가기구가 독립적으로 존재하며, 이들은 별도의 조직을 구성하고 직원을 채용합니다. 그리고 초국가기구는 정기 총회를 비롯한 공동의 의사결정체계를 갖추고 있습니다.

유엔을 보면 초국가기구의 운영 방식에 대해 이해할 수 있습니다. 유엔은 193개 국가가 가입해 있는 최대 규모의 국가연합으로 세계평화 유지와 인권 증진을 목적으로 활동하고 있습니다. 본부는 미국 뉴욕에 있지만 국제사법재판소는 네덜란드 헤이그에, 사무국은 케냐 나이로비, 오스트리아 빈, 스위스 제네바에 위치하는 등 여러 지역을 거점으로 두고 있습니다. 매년 유엔 총회와 유엔 안전보장이사회, 유엔 경제사회이사회 등이 열려 회원국들이 전 세계에서 발생하는 각종 문제들을 함께 논의하고 대응해 나갑니다.

이러한 국가연합이 만들어진 결정적인 계기는 전쟁이었습니다. 유럽연합과 유엔은 두 번의 세계대전 이후, 국가 간 군사적 긴장을 해소하고 전쟁을 방지하기 위한 목적으로 결성되었습니다. 동남아시아의 정치·경제·문화공동체인 동남아시아국가연합ASEAN, Association of Southeast Asian Nations도 베트남 전쟁으로 발생한 위기에 공동 대응하기 위해 창설되었습니다.

유럽연합은 세계에서 가장 높은 수준의 제도·경제적 통합을 이루고 있는 국가연합입니다.

전 세계에 걸쳐 회원국이 있는 유엔과 달리, 지역을 중심으로 하는 국가연합은 지리적 인접성과 문화적 유사성에 근거해 경제공동체 성격으로 발전하기도 했습니다. 대표적으로 총 27개의 회원국이 가입해 있으며 역내 인구가 4억 5천만 명에 달하는 유럽연합이 있습니다.

유럽연합은 1952년 발효된 '파리조약Paris Treaty'을 통해 서독, 프랑스, 이탈리아, 벨기에, 룩셈부르크, 네덜란드 6개국이 가입한 유럽석탄철강공동체ECSC, European Coal and Steel Community에서 시작했습니다. 당시에는 동서 냉전 구조로 인해 동유럽 사회주의 진영 국가를 제외하고, 서유럽 국가를 중심으로 먼저 통합 논의가 진행되었습니다. 서유럽 국가들은 1958년 발효된 '로마조약Rome Treaty'으로 유럽경제공동체EEC, European Economic Community와 유럽원자력공동체Euratom, European Atomic Energy

Community를 설립하면서 단일시장 형성에 한 발짝 더 나아갑니다. 1967년에는 유럽경제공동체, 유럽원자력공동체, 유럽석탄철강공동체를 묶어 유럽공동체EC, European Communities로 통합하면서 독립적인 초국가기구를 운영하기 시작합니다. 이후 유럽공동체는 더 높은 수준으로의 통합을 요구하는 입장과 국가의 주권을 더욱 중시하는 입장의 갈등 속에서 냉전체제가 무너질 때까지 경제공동체적 성격을 유지합니다.

1989년 베를린 장벽이 무너지고 독일이 통일되면서 동서유럽 간 화합의 계기가 마련되었습니다. 이념으로 나뉘어져 있던 유럽은 '하나의 유럽'을 꿈꾸며 1993년에 발효된 '마스트리히트 조약Maastricht Treaty'을 통해 본격적으로 유럽연합 구상을 촉진합니다. 유럽연합 구상의 핵심은 경제공동체를 넘어서 정치공동체를 형성하는 것이었습니다. 2004년에 유럽연합은 유럽헌법 제정 조약에 합의했습니다. 유럽헌법이 제정될 경우, 유럽연합 조약이 회원국의 국내법보다 상위법으로 적용될 수 있다는 점에서 연합을 넘어 연방으로 나아가는 중요한 결정이었습니다.

하지만 2005년 프랑스와 네덜란드 국민투표 결과로 유럽헌법 제정조약이 비준되지 못하면서 유럽연합의 정치적 통합의 가속화에 제동이 걸렸습니다. 회원국 간 증가하는 이민, 서유럽 회원국들의 경제적 부담 가중, 유럽연합 관료의 권한 증대 등 유럽연합으로 인한 피해와 부작용이 문제시되었습니다. 결국 유럽연합 조약이 각 회원국의 법률보다 우선 적용된다는 조항이 빠진 유럽연합조약 및 유럽공동체설립조약을 개정하는 '리스본 조약Lisbon Treaty'이 2007년 합의, 2009년에 발효되며 유럽은 국가연합에 머무르게 되었습니다. 그럼에도 단일 시장, 공동 자원 관리, 공동 외교안보 정책, 회원국 간 사법 협력 등 다양한 분야에서 높은 수준의 제도적 협력이 지속되고 있습니다.

유럽연합의 조약 전개

발효년도	조약명	주요 내용
1952	파리조약	유럽석탄철강공동체 설립
1958	로마조약	유럽경제공동체, 유럽원자력공동체 설립
1967	합병조약	유럽공동체의 단일 이사회와 단일 위원회 설립
1987	단일유럽의정서	유럽의회 권한 강화와 역내시장 협력 제도 수립
1993	마스트리히트조약	유럽연합 설립
1999	암스테르담조약	비자 · 망명 · 이민 관련 공동정책 수립
2003	니스조약	유럽연합 가입국의 확대와 정책결정기구 개혁
2009	리스본조약	유럽의사회 의장직, 외무장관직 신설

유럽연합은 자유로운 이주와 노동을 보장하고 단일 화폐 시장을 형성하는 경제 통합을 추진해왔습니다.

유럽연합은 시장의 규모를 넓히고 거래 비용을 줄이기 위해 회원국 간 사람, 상품, 자본, 서비스의 자유로운 이동을 보장하고 단일 화폐를 도입했습니다. 마스트리히트 조약에서 유럽연합 회원국 간 단일 화폐 시장을 형성하는 유럽통합연맹EMU, European Monetary Union을 논의하기 시작했습니다. 유럽통합연맹은 1999년에 설립되었고 이어서 유로화Euro가 공식 화폐로 지정됩니다. 처음에 유로화는 가상 화폐였다가 2002년부터 법정 화폐가 되었으며, 현재 27개의 유럽연합 회원국 중 19개국에서 사용되고 있습니다. 유럽연합에 속하지 않은 8개국에서도 사용되며 유로화를 도입한 국가들을 별도로 유로존Euro zone이라고 부릅니다. 유로화는 각 국가의 중앙은행이 아닌 유럽중앙은행ECB, European Central Bank에서 발행됩니다.

유로화를 도입하는 과정에서 유럽이 단일 화폐를 사용하기에 최적화된 지역인지 논란이 있었습니다. 아직 유럽이 단일 화폐를 사용하기에 준비되지 않았다는 의견도 있었고, 유럽연합의 정치통합이 가속화되면 단일화폐는 금방 안정을 찾을 수 있다는 의견도 있었습니다. 하지만 유럽연합은 논란 속에서도 '하나의 유럽'을 형성하겠다는 의지로 유로화를 도입했습니다.

더불어 자유로운 이주와 노동 정책도 함께 도입되었습니다. 벨기에, 프랑스, 독일, 룩셈부르크, 네덜란드 5개국은 1985년 '솅겐 협정Schengen Agreement'과 1990년 '솅겐 조약Schengen Convention'으로 먼저 국경에서의 자유로운 통행을 보장하고 역외 국가에 대한 공동의 국경 정책을 수립했습니다. 이후 두 조약은 다른 국가로도 확대되었고 1999년 '암스테르담 조약Amsterdam Treaty'이 발효되면서 유럽연합 내로 편입됩니다.

2004년 유럽연합 시민권자의 자유로운 이주와 노동의 권리가 구체적으로 명시되었습니다. 유럽연합 회원국 간 이주와 노동의 자유는 유럽연합 시민권의 주요 항목 중 하나입니다. 유럽연합 시민권은 기존 회원국의 시민권을 대체하는 것이 아니라 기존 국적에 보충하는 형태로 주어집니다. 유럽연합 시민권이 없어도 유럽연합 시민권 보유자의 가족이라면 출입국 및 거주의 자유를 갖습니다. 이들은 별도의 비자가 없어도 신분증이나 여권 정도로 다른 회원국에 자유롭게 출입국이 가능하고 3개월까지 거주할 수 있습니다. 3개월 이상 거주를 원할 경우, 노동자 혹은 자영업자로서 경제 활동에 종사하면 됩니다. 이처럼 유럽연합 내 자유로운 통행과 거주는 자연스럽게 노동에 대한 자유와 연결되어 있습니다. 유럽연합 회원국은 유럽연합 시민에게 자국민과 동등한 수준의 임금과 고용 조건을 제공해야 합니다. 그리고 이주자는 5년 이상 거주하면 영주권을 획득할 수 있습니다. 다만 공공 질서, 공공 안전, 공중 보건에 해가 될 경우에는 추방될 수 있습니다.

그 나라의 자국민과 동등한 사회 보장 권리를 보장받을 수 있다 보니 회원국 간 이주자는 증가하는 추세입니다. 유럽연합 공식 통계기구 유로스태트Eurostat에 따르면, 2017년 한 해 동안 190만 명이 회원국 내 다른 국가로 이주했습니다. 특히 루마니아, 불가리아, 에스토니아와 같은 동유럽의 저개발 국가들이 유럽연합 내 선진국으로 많이 이주하는 현상을 보였습니다.

국가연합은 국가의 이익과 위기를 공동으로 관리하지만, 그 권한은 개별국가의 주권을 넘어설 수 없습니다.

유럽연합에 닥친 여러 위기는 유럽연합의 공동위기 관리 능력을 의심하게 만들었습니다. 유럽연합은 2008년 미국 금융위기 이후부터 어려움을 겪기 시작하다가 2015년 그리스의 경제위기에 맞닥뜨리면서 단일 화폐 시장의 근본적인 문제를 실감하기 시작합니다. 연방 수준의 정치통합 없이 단일 화폐를 사용할 경우, 개별국가 내 무역수지를 비롯한 경제 활동을 자유롭게 조정할 수 없기 때문입니다. 이를 계기로 회원국의 재정 상태도 통제할 수 있도록 유럽연합에 권한을 더 부여해야 한다는 입장과 개별국마다 통화 정책의 자율성을 되찾아한다는 입장으로 다시 갈등이 고조되었습니다. 더불어 난민 문제가 갈수록 심화되고 테러 위험이 커지면서 회원국 간 자유로운 이주 및 노동 정책에도 문제가 제기됐습니다.

여러 위기 속에 유럽연합에서 분리 주장이 처음으로 실현된 곳은 영국입니다. 2016년 영국은 유럽연합 탈퇴 여부를 국민투표로 결정했습니다. 영국 내에서도 찬반 논쟁이 심각했지만 투표한 영국인 중 51.9%가 유럽연합에서 탈퇴한다는 뜻의 브렉시트Brexit에 찬성했습니다. 영국은 1975년에도 유럽공동체에 가입하기 위해 국민투표를 시행했습니다. 당시에는 67%가 찬성했지만 40년이 지난 후 영국 국민의 의사는 정반대로 돌아선 것입니다. 영국에 이어 핀란드, 스웨덴 등 다른 국가에서도 유럽연합 탈퇴에 대한 목소리가 나오고 있습니다. 유럽연합이 독립적인 권한을 갖고 있더라도 그 권한은 자국의 주권을 넘어서지 못하기 때문에 회원국이 탈퇴를 원할 경우에는 수용할 수밖에 없습니다.

하지만 분리 주장의 원심력만큼이나 연합의 힘은 구심력으로도 작용합니다. 브렉시트가 2016년에 결정되었음에도 2020년 1월에서야 영국이 탈퇴할 수 있었습니다. 이렇게 시간이 오래 걸린 이유는 오랜 기간 형성되어 온 유럽연합의 공동 정책이 국내 정치·경제와 긴밀하게 연결되어 있기 때문입니다. 또한 투표에 참여한 사람 중 절반은 브렉시트에 찬성하지 않은 걸 보면, '하나의 유럽'에 대한 공감대가 전혀 없다고 말하기도 어렵습니다. 국가연합은 제도·경제적 통합이 안정적으로 진행되고 회원국의 이익이 보장된다면 강력한 힘을 발휘합니다. 개별 국가의 경제력은 작지만 유럽연합 전체 GDP는 2020년 기준으로 미국과 중국에 이어 세계 3위에 이릅니다.

입장 선택하기

> **A** **그렇습니다.** 남북은 **공동의 역사를 지닌 특수 관계**입니다.
> 국가연합을 통해 불필요한 경제·사회적 비용을 최소화하고,
> **상호 이익을 최대화**할 수 있습니다.

유럽연합은 여러 국가 간 단일 시장을 형성하는 것이 개별 국가일 때보다 더 큰 경제적 이득을 얻을 수 있다는 것을 보여주었습니다. 회원국 시민이라면 자유로운 이주와 노동을 보장받아 연합 내 어느 국가로든 이주할 수 있고 별도의 비자 없이 일자리도 구할 수 있습니다. 또한 오랜 기간 동안 여러 국가 간 교류가 활발해지면서 서로의 다름을 받아들이고 이해할 수 있는 사회·문화적 역량도 늘어났습니다.

남과 북은 유럽연합과 비교해 볼 때 훨씬 유리한 연합의 조건을 갖고 있습니다. 지리적으로도 가깝고 같은 언어를 사용하며 수천 년의 역사를 공유합니다. 다른 국가 연합과는 달리 양국 관계이기 때문에 합의 과정에서 의사소통에 드는 시간과 비용도 줄일 수 있습니다. 따라서 보다 쉽게 유럽연합이 얻은 이익을 그대로 누릴 수 있습니다.

그리고 초국가기구는 남북 간 대화와 협력의 지속성을 높여 줄 것입니다. 그동안 남북관계는 일방적으로 대화가 중단되면 정권이 바뀌거나 외국의 중재가 없는 한 정체된 상태가 유지되는 경향을 보여 왔습니다. 만약 독립적으로 운영되는 초국가기구가 있다면, 정부 차원에서 일시적으로 사고나 오해가 발생하더라도 초국가기구 차원에서 대화를 지속하며 기존 합의를 이행할 수 있습니다.

또한 남북연합을 형성함으로써 한반도 문제의 주도권을 남북이 가질 수

있습니다. 유럽연합은 어떤 외교관계보다도 연합 내 관계를 우선하고, 역외 국가와는 연합 차원에서 관계를 형성하며 협상력을 키웠습니다. 남북도 연합을 맺음으로써 중국이나 미국 등 한반도에 이해관계가 있는 강대국들의 영향력을 남북관계를 중심으로 관리할 수 있을 것입니다. 그러면 평화체제만으로는 지속하기 어려운 한반도의 평화와 경제적인 번영을 좀 더 안정적으로 추진할 수 있습니다.

B **아닙니다.**
남북은 평화협정을 통해 분단으로 생긴 적대적 관계를 끝내고,
일반 국가의 관계로 교류하고 협력하면 충분합니다.

현재 남북은 상반된 정치·경제제도를 갖고 있고 경제규모는 70배 가량 차이가 납니다. 이렇게 차이가 큰 두 국가 간 자유로운 통행과 단일 화폐 시장을 형성하는 것은, 유럽의 금융 위기와 난민 문제가 보여주듯이 이익보다 위험이 더 큽니다. 자유로운 통행과 단일 화폐 시장 형성은 단순히 여행의 자유와 동일한 화폐를 쓰는 것을 넘어 노동, 임금, 은행, 금융, 부동산 등 생활 전반을 아우르는 경제체제의 통합을 의미합니다. 그러다보니 유럽연합의 경우에도 모든 회원국이 동일하게 이득을 누리기보다는 해당 경제체제의 변화에 유연하게 대응할 수 있는 국가만이 이익을 보게 됩니다. 또한 상대적으로 가난한 동유럽 국가의 사람들이 독일과 같은 부유한 국가로 이주하면서 이주자로 인한 갈등이 발생하고 있습니다. 이로 인한 사회 문제가 심각해지자 오히려 유럽연합이 국가 경제에 방해가 된다

는 목소리가 커지면서 영국 국민들은 유럽연합 탈퇴를 결정했습니다.

영국의 사례처럼 유럽연합 회원국은 사실상 언제든 탈퇴가 가능합니다. 이는 남북연합도 마찬가지로 언제든 종결될 가능성이 있다는 것을 시사합니다. 게다가 유럽연합과 달리 남북 두 국가로만 연합을 구성할 경우, 한 국가만 탈퇴를 선언해도 연합은 즉각 해체됩니다. 연합을 이루는 과정도 쉽지 않은데 안정적으로 지속된다는 확신이 없으면 궁극적으로는 손해만 볼 수도 있습니다. 따라서 무리하게 국가연합을 결성하는 것보다 현재의 적대적 관계를 점진적으로 해소한 후에 일반적인 외교 관계처럼 필요한 분야의 조약을 맺는 것이 더 안정적이고 효율적입니다.

선택한 입장을 워크시트에 기록하고,
A입장을 선택했다면 ☞ 102쪽으로
B입장을 선택했다면 ☞ 104쪽으로

흡수통일

흡수통일은 북한의 정치 세력을 배제하고
남한의 정치·경제체제를 그대로
북한에 적용하는 통일방안입니다.

장 점

- 북한 주민들이 즉각적으로 남한 주민과 동일한 정치적 자유를 누릴 수 있습니다.
- 남한 주민들은 통일 후에도 익숙한 정치·경제체제 하에서 살아갈 수 있습니다.
- 현재 북한 정부로 인해 발생하는 각종 안보 불안에서 벗어날 수 있습니다.

단 점

- 남한 주민은 통일을 위한 세금 인상을 감당해야 하며, 북한 주민은 새로운 체제에 적응하기 위한 시간과 노력이 필요합니다.
- 남북 주민 간 차별과 갈등이 발생할 수 있습니다.
- 북한 정부에 소속감을 느꼈던 사람은 반발과 저항을 일으킬 수 있습니다.
- 북한에 우호적인 주변 국가인 중국과 러시아와의 갈등이 생길 수 있습니다.

흡수통일은 북한이 붕괴하여 남한의 자유민주주의 체제로 흡수되는 방식의 통일을 의미합니다. 흡수통일론자는 민주주의와 시장경제가 국가가 가져야 할 바람직한 정치·경제체제라고 생각하기 때문에 통일 이후 북한에도 남한과 같은 체제가 이식되기를 바랍니다.

북한의 집권 세력에 대한 불신과 배제는 흡수통일의 선결 조건이자 필요조건입니다. 따라서 흡수통일이 가능하려면 북한 정부가 남한으로 정권을 이양하거나 북한 정부가 자체적으로 붕괴하거나 혹은 남북 간의 전쟁에서 남한이 승리해야 합니다.

현재 상태에서 북한이 남한에 정권을 이양할 가능성은 거의 없기 때문에 흡수통일을 지지하는 사람들은 북한의 붕괴를 기다리거나 조장하는 것을 현실적인 통일 방법으로 생각합니다. 여기서 '붕괴'는 북한의 집권세력 혹은 봉기 세력이 자신들의 정치·경제체제의 불능을 선언하고 새로운 체제로의 전환을 꾀하는 상황을 의미합니다. 역사적으로 이러한 전환은 집권 세력 내 쿠데타나 민중의 봉기로 발생했습니다. 그러나 북한에서 혁명이 일어날 때, 남한이 북한 지역에서 지도적 우위를 가질 수 있을지는 확신할 수 없습니다. 북한 내에서 새로운 정치 세력이 등장할 수 있으며 중국이나 러시아가 개입할 수도 있기 때문입니다. 그래서 극단적인 흡수통일론자는 이러한 경우를 막기 위해 직접 무력을 행사하는 '북진통일'을 주장하기도 합니다.

이렇듯 흡수통일에도 비교적 온건한 방안에서 과격한 방안까지 다양한 모습이 있습니다. 하지만 북한의 정치 세력과 체제를 부정하고 남한의 체제를 북한에 이식한다는 점에서 공통점을 가집니다.

1부 결과를 워크시트에 기록한 후 워크시트의 지시에 따라 이동하세요.

연방제

연방제는 상위 권한을 가진 연방 정부를 수립하고
남북은 지방 정부로서 현재 통치 지역 내에서 기존의 체제를 유지할 수 있도록
자치권을 인정받는 형식의 '1국가 2체제' 통일방안입니다.

장 점

- 자유민주주의와 사회주의의 장점을 반영하는 연방 국가를 만들 수 있습니다.
- 통일로 인한 사회 혼란을 줄일 수 있습니다.

단 점

- 통일 후에도 한 국가라는 정체성보다 남북으로 분리된 정체성이 우선시될 수 있습니다.
- 연방 정부의 권한과 역할이 모호해 남북 갈등이 지속될 수 있습니다.

연방제를 지지하는 사람들은 이미 다른 정치·경제체제를 발전시켜 온 남북이 급진적인 통합을 통한 갈등과 혼란을 겪지 않고 상대의 체제와 제도를 존중하면서 국가를 형성할 수 있다고 기대합니다. 미국의 경우를 보면 독립적으로 자치권을 행사하던 국가들이 모여 전체 국가를 대표하는 권한을 연방 정부에 위임하고 이전 국가들은 지방 정부로 자치권을 유지했습니다.

연방제를 선택하기 위해서는 연방 정부의 근거가 되는 연방 헌법, 연방 정부의 정치·경제체제를 결정하고, 이에 따른 행정·사법·입법기관 등을 구성해야 합니다. 그리고 현재 남북 정부가 연방 정부에게 어떤 권한을 이양할지 합의해야 합니다. 같은 연방국이라 하더라도 지방 정부와 연방 정부 간 권한을 분배하는 수준은 다르기 때문에 남북의 상황에 맞게 연방 정부의 권한을 조정할 수 있습니다.

하지만 남북처럼 전혀 다른 체제를 가진 두 국가가 하나의 연방 정부를 구성한 사례는 아직 존재하지 않습니다. 한 체제가 압도적 권력을 보유한 가운데 다른 체제의 내부 공존을 인정하겠다는 중국의 일국양제 실험은 그 안정성의 한계를 보여주고 있습니다. 따라서 힘의 차이에도 불구하고 남북 지방 정부의 자치권을 동등하게 보장하는 연방 정부를 구성하는 것이 중요한 과제가 될 것입니다.

1부 결과를 워크시트에 기록한 후 워크시트의 지시에 따라 이동하세요.

합의통일

합의통일은 북한과 남한의 주민들이
민주적 가치와 절차에 따라
통일 국가의 정치·경제체제를 결정하는 통일방안입니다.

장 점

- 남북 주민이 합의하는 통일안을 도출하여 통일 이후 갈등을 최소화할 수 있습니다.
- 현재 남북의 정치·경제체제에 만족하지 못하는 시민들에게는 새로운 대안 체제를 만들 수 있는 기회입니다.
- 통일 국가 구성원 모두의 주권과 사상의 자유를 보장할 수 있습니다.

단 점

- 합의에 이르기까지 사회적으로 소요해야 하는 시간과 비용이 큽니다.
- 상대 국가의 이념과 체제에 대해 거부감을 가진 사람들은 수용하기 어려운 방안입니다.
- 대다수 시민의 무관심으로 소수의 힘 있는 사람 혹은 몇몇 이익 집단의 의사만 반영될 수 있습니다.

합의통일론자는 현재 남북한의 주민들이 기존 정치 세력을 배제하지 않으면서 사회주의와 자유민주주의를 모두 인정하고 수용해야 '진정한 통일'을 이룰 수 있다고 생각합니다. 이들이 상상하는 통일 국가는 모든 국민들에게 사상의 자유와 그 사상을 표현할 자유를 보장합니다. 예를 들어 통일 이후 독일 의회처럼 다양한 사회주의 정당도 존재할 수 있어야 합니다.

합의통일은 국민의 주권은 국민에게 있으므로 국민의 뜻에 따라 국가가 수립되고 운영되어야 한다는 원칙에 따릅니다. 국민의 뜻은 시민사회의 자유로운 논의와 선거 및 투표를 통해 도달한 합의로 표현됩니다. 그렇기 때문에 남한 주민뿐 아니라 북한 주민에게도 동일한 시민권과 투표권을 부여하는 것이 합의통일의 핵심입니다. 그리고 이를 계기로 남북주민들이 주도하여 새로운 국가정체성을 만들기를 기대합니다.

물론 긴 시간 다른 체제에서 살아온 만큼 생각의 차이가 큰 사람들이 단기간에 의견의 일치를 이루기는 쉽지 않을 것입니다. 그러나 합의통일론자는 우리의 손으로 통일 이후 체제를 결정하는 과정 자체가 의미있다고 생각합니다. 통일은 누구도 원하지 않았던 분단체제 속에서 살아온 남북 주민들이 현재 남북의 정치·경제체제와 기성 정치 세력이 가진 한계를 넘어서 우리가 원하는 국가를 함께 만들어갈 기회이기 때문입니다.

1부 결과를 워크시트에 기록한 후 워크시트의 지시에 따라 이동하세요.

현상유지

현상유지는 정전협정 체제 이후 형성된
현재 동북아시아의 세력구조를 최선의 상태로 봅니다.

장 점

- 남북 주민이 지금과 같은 일상을 그대로 유지할 수 있습니다.
- 남북이 현 동맹 관계 안에서 안보를 보장받을 수 있습니다.

단 점

- 남북 간 진전 없는 적대 관계로 남북 주민의 불안감이 지속됩니다.
- 군사력을 유지하기 위한 비용을 계속 지출해야 합니다.

현상유지의 입장을 선택한 사람들은 남북관계가 더 진전되지도 않고 전쟁 수준으로 나빠지지도 않는 지금의 수준이 최선이라고 생각합니다. 1953년 정전 후 형성된 북·중·러 그리고 한·미·일 삼각동맹 체제의 동북아시아를 안정적으로 보며 남북관계의 개선이 이 균형을 깨뜨리는 것은 위험하다고 주장합니다.

현상유지론자는 남과 북 어느 한쪽도 한반도를 둘러싼 국가들의 이해관계를 조정할 만한 국력과 협상력이 충분하지 않다고 판단합니다. 또한 중국, 러시아, 일본, 미국과 같은 주변 국가들은 동북아시아 세력 구조 유지를 위해 남북관계 개선을 원하지 않는다고 봅니다. 국제사회의 지지나 승인 없이 남북관계 개선은 현실적으로 불가능하기 때문에 남북의 정부가 통일과 관련된 어떠한 적극적인 행동도 하지 않는 것을 바랍니다.

해당 입장은 북한을 기본적으로 남한의 안보를 위협하는 적대적인 국가 그 이상 혹은 이하로 생각하지 않습니다. 북한을 부정적인 시각으로 바라본다는 점에서 흡수통일론자와 비슷하지만 북한의 붕괴를 기다리거나 조장하지는 않는다는 점에서는 차이를 보입니다. 북한의 붕괴 역시 남북을 둘러싼 세력 구조를 깨뜨리는 일이기 때문입니다. 종전선언의 경우에도 북한이 미군 철수 등을 요구함으로써 일어날 동북아시아 세력 구조 변화에 부정적이기 때문에 반대합니다.

1부 결과를 워크시트에 기록한 후 워크시트의 지시에 따라 이동하세요.

연합제

연합제는 남북이 주권을 그대로 유지하면서도,
자유롭게 통행 및 이주하고 단일화폐시장을 형성함으로써
공동의 이익을 누리고자 하는 형태입니다.

장 점

- 오랜 기간 남북의 적대적 관계를 진영 논리로 이용하던 소모적인 정치적 논쟁이 개선될 수 있습니다.
- 하나의 주권 국가로 통일했을 때 겪을 수 있는 어려움과 갈등은 피하면서도 통일을 했을 때 얻을 수 있는 경제·문화적 이익을 확보할 수 있습니다.

단 점

- 두 국가가 상이한 정치·경제체제를 가지고 있어 제도적 측면과 소통방식이 일원화되지 않아 국가연합을 운영하는 데 많은 비용이 들 수 있습니다.
- 자유로운 이주와 노동 정책으로 북한 주민의 유입이 증가하여 사회 갈등이 유발될 수 있습니다.

국가연합은 회원국이 각국의 주권을 유지하면서도 공동의 이익을 위해 연합하여 초국가기구를 창설하는 형태입니다. 연방제의 연방 정부와 달리 연합제의 초국가기구는 회원국의 상위 권력을 가진 기구로 작동하지 않습니다. 그래서 회원국들은 초국가기구의 결정에 협조할 의무가 있으면서도 개별 회원국의 주권이 우선되고 국민은 소속 국가의 법과 제도를 기본으로 따릅니다.

국가연합은 어떤 분야에서 어느 수준으로 관계를 형성할지에 따라 정도와 형태가 달라질 수 있습니다. 동남아시아국가연합과 같은 느슨한 국가연합도 있지만, 남북연합은 유럽연합 같은 강력한 수준의 국가연합에 가깝습니다.

남북연합을 주장하는 사람들은 역사·언어적 공통성과 지리적 인접성을 근거로 사람·물자·서비스의 원활한 이동을 통해 높은 수준의 경제적 이익을 누릴 수 있다고 생각합니다. 또한 국경을 함께 공유하고 개방하면 군사적 긴장을 해소할 수 있어 평화체제보다도 안정적으로 평화로운 관계를 형성할 수 있다고 생각합니다. 물론 영국의 유럽연합 탈퇴 사례는 국가연합도 일방의 결정에 의해 깨질 수 있다는 것을 보여줍니다. 그러나 지난한 탈퇴 협상 과정은 장기적이고 다차원적인 제도적 결합체인 연합이 가지는 견고함을 증명하기도 합니다.

1부 결과를 워크시트에 기록한 후 워크시트의 지시에 따라 이동하세요.

평화체제

평화체제란 종전협정과 평화협정을 맺은 후,
남북 간 군사 위협을 제거하고
지속적인 평화를 지향하는 상태를 의미합니다.

장 점

- 오랜 기간 남북의 적대적 관계를 진영 논리로 이용하던 소모적인 정치적 논쟁이 개선될 수 있습니다.
- 군사적 긴장이 해소되면서 군사 비용과 군사 규모를 점진적으로 축소할 수 있습니다.

단 점

- 평화로운 관계를 약속하고도 언제든 다시 적대적 관계로 돌아설 수 있는 위험이 있습니다.
- 분단 이후 지속된 남북 갈등을 기초로 형성된 국제 관계의 틀이 흔들려 갈등이 발생할 수 있습니다.

'평화로운 남북관계'는 기본적으로 전쟁의 위협과 군사적 긴장이 사라진 한반도를 지칭합니다. 이를 위해서는 한국전쟁 이후부터 이어져 온 정전체제를 평화체제로 전환해야 합니다. 평화체제론자는 남북이 통일을 비롯한 높은 수준의 국가 관계를 지향하는 것보다 일반적인 양국 관계로 전환하여 분단과 전쟁으로 이어져 온 적대적 관계를 해소하는 것이 현실적이라고 주장합니다. 왜냐하면 70년 동안의 단절과 정치·경제체제의 괴리로 인해 서로를 이해하는 것이 거의 불가능하다고 보기 때문입니다.

평화체제를 맺기 위해서는 남과 북이 서로를 자국 영토를 불법으로 점령한 '적'으로 보는 것이 아닌 '주권 국가'로 인정하고 조약을 통해 외교 관계를 수립해야 합니다. 이 때, 합의서와 성명서를 맺는 수준의 일시적 관계 개선이 아닌 지속적 효력이 있는 평화협정이 필수적입니다.

하지만 평화체제로의 이행을 주장하는 사람 중에는 남북 간 군사적 긴장을 해소하는 것만으로는 한반도에 분단체제와 정전체제를 넘어선 평화체제가 확립되기 어렵다는 시각도 있습니다. 이들은 한반도를 넘어서 동아시아 및 국제관계 수준에서 평화체제가 논의되어야 한다거나, 군사적 긴장을 완화하는 소극적 수준의 평화가 아닌 평화 문화를 정착시키는 적극적 평화를 만들어야 한다는 주장을 하기도 합니다.

1부 결과를 워크시트에 기록한 후 워크시트의 지시에 따라 이동하세요.

1부
6가지 미래와 당신의 선택

선택하기

해제 읽기

2부
7가지 질문과 당신의 근거

선택하기

해제 읽기

최종결정하기

박근혜 정부는 '통일대박'을, 문재인 정부는 '평화경제'를 언급했습니다. 과연 우리는 같은 의미의 통일을 이야기하고 있는 걸까요?

박근혜 정부와 문재인 정부는 동일하게 통일로 한반도의 경제적 성장을 이룰 수 있다고 주장했습니다. 유사한 지향을 갖고 있으나 두 정부가 북한을 바라보는 시각은 상반됩니다. 박근혜 정부는 북한과 대화를 단절했고 문재인 정부는 북한과 대화를 시도했습니다. 두 정부 모두 통일이라는 동일한 목표를 가졌지만 북한 정부를 바라보는 시각과 통일을 이루어가는 과정에 대해서는 입장의 차이를 보였습니다.

통일을 찬성하는 사람들 중에는 북한 정부를 혐오와 배격의 대상으로 보는 사람도 있고 협상과 대화의 상대로 보는 사람도 있습니다. 마찬가지로 통일을 반대하는 사람들 중에도 두 입장이 존재합니다. 그렇기 때문에 통일에 대한 입장이 같더라도 북한을 바라보는 시각에 따라서 통일의 내용은 다를 수 있습니다.

통일을 찬성하고 반대하는 입장 안에서도 여러 입장이 나뉩니다.

1부에서 어떤 결과를 얻으셨나요? 통일에 찬성했다면 흡수통일, 연방제, 합의통일 세 가지 방안 중 하나의 결과에, 통일에 반대했다면 현상유지, 연합제, 평화체제 세 가지 방안 중 하나의 결과에 도달하게 됐을 것입니다. 1부의 주 목적은 '통일 찬성'과 '통일 반대'라는 두 가지 선택지를 미래 남북관계의 형태에 대한 여섯 가지 선택지로 확대하는 것이었습니다.

이제껏 많은 통일 담론이 통일의 찬반을 결정하는 수준에 머물렀습니다. 하지만 찬성과 반대의 프레임만으로는 남북관계에 대한 구체적인 생각과 결정을 끌어낼 수 없습니다. 남북관계의 미래를 여섯 가지의 형태로 나눈 것은 이와 같은 세밀한 사고를 돕기 위해 고안된 일종의 장치입니다. 물론 남북관계의 미래는 이 여섯 가지 형태 말고도 더 세부적으로 나눌 수 있습니다. 편의상 이 책에서는 남북 정부가 제안했던 통일방안과 학계의 의견, 통일과 관련한 여론 등을 참고해 가장 대표적인 여섯 가지 형태로 정리했습니다.

그중 연합제와 연방제의 경우, 기존에 남한 정부와 북한 정부가 제시한 것과는 달리 일반적인 정의를 가져와 해설했습니다. 남북이 제안하는 연방제와 연합제는 그 내용이 모호할 뿐 아니라, 현실에 존재하는 연방 국가와 연합기구와는 다소 차이가 있기 때문입니다. 연방제와 연합제는 남북 정부가 제시한 통일 방안의 일환으로 보는 기존의 시각 때문에, 각 체제가 정확히 무엇을 의미하는지 알지 못한 채 각 형태를 자세히 검토할 기회 역시 적었습니다. 따라서 연방제와 연합제의 해설에서는 남북 정부가 해당 방안을 어떻게 설명하는지 요약한 후에 실재로 존재하는 정치체제를 참고하여 연방, 연합 개념을 정의했습니다.

이성적 사고에는 눈에 보이는 절차와 재료가 필요합니다.

이성적 사고에는 재료가 필요합니다. 만일 사고의 재료가 없다면 책 속의 질문이 그저 막막하게만 느껴졌을 것입니다. 그래서 각 질문의 해설에서 질문에 대한 여러 입장과 정보를 간추려보았습니다. 당신은 입장을 정하기 위해 저희가 제공한 텍스트를 아마도 최대한 비판적으로 읽었으리라 생각합니다. '이건 과연 객관적인 정보인가?', '이 입장은 합리적인가?'와 같은 의문과 함께 말입니다.

직관에 근거한 판단은 판단의 이유를 말로 설명하기 어렵습니다. 내가 이 입장이 맞다고 직감적으로 느꼈기 때문이라고 설명할 수밖에 없기 때문입니다. 따라서 이 책에서는 여러 질문에 차례로 대답하게 함으로써, 직관적 판단에도 절차를 두는 방법을 택했습니다. 어떤 절차에 따라 이러한 판단을 내렸는지 시각적으로 확인하여 내 입장을 설명하고, 나와 다른 입장을 가진 사람이 어떻게 그런 입장에 도달하게 되었는지 확인하도록 하기 위해서입니다.

"당신은 통일을 찬성하시나요?"가 첫 번째 질문인 이유는 당신이 '통일'을 바라보는 직관적인 판단과 편향은 무엇인지 파악하기 위해서입니다.

살면서 마주치는 모든 문제를 사실적 근거에 기반하여 판단하고 선택하지는 않습니다. 많은 경우에는 개인이 가진 신념이나 선입견, 이해관계에 따라 문제를 인식하고 판단을 내립니다. 그리고 이러한 일상의 판단은 이성적 사고보다는 직관에 더 자주 의존합니다. 직관이 이성보다 빠르지만 직관으로 내린 판단은 종종 오류를 낳습니다. 이 오류가 무엇인지는 이성으로 검토해야 하는데, 한번 내린 결정은 유지하려는 심리가 이를 방해합니다. 자기가 내린 판단에 유리한 정보는 쉽게 받아들이고 신뢰하지만, 반대되는 정보는 무시하거나 가치가 낮다고 생각하는 경향인 확증편향 때문입니다. 통일 문제도 다르지 않습니다. 그래서 1부의 첫 질문으로 당신의 통일에 대한 직관적인 판단, 혹은 편향은 무엇인지 알아보고자 했습니다.

미래 남북관계의 형태를 결정하는 데 가장 중요한 기준 중 하나는 '북한 정부를 대화와 협상이 가능한 상대로 보는가'입니다.

북한 정부를 대화가 가능한 상대로 생각하는지 확인하기 위해 두 번째 질문인 "북한 인권 문제에 대한 당신의 입장은 어느 쪽에 가까운가요?"와 세 번째 질문 "북핵 문제에 대한 당신의 입장은 어느 쪽에 가까운가요?"를 물었습니다. 만약 두 질문의 대답으로 모두 A를 선택했다면, 당신은 두 문제에 대한 주된 책임 소재가 북한 정부에 있다고 보는 사람입니다. 다른 응답자와 달리 북한 정부가 자신의 이익을 위해 계속해서 인권을 탄압하고 핵무기를 개발할 것이라고 생각할 가능성이 있습니다. 따라서 평소에 북한과 대화가 필요하다 생각했더라도 사실은 대화의 결과를 기대하지 않았을 가능성이 큽니다. 혹은 북한 정부와 대화할 필요성이 없거나 이를 오히려 위험한 것으로 평가할 수 있습니다.

두 질문에서 모두 A를 선택한 사람 중 통일에 찬성했다면 흡수통일이, 통일에 찬성하지 않았다면 현상유지가 나옵니다. 다만 두 질문 중 A를 하나라도 선택했거나 모두 B를 선택한 사람은 질문을 추가로 받게 됩니다.

"만일 통일 정부가 수립된다면, 새로운 정부를 구성하기 위해 남북 주민 모두 참여하는 국민 총 선거가 필요할까요?"는 통일 후 북한 정부를 동등한 정치 세력으로 포함할 수 있는지에 대한 질문입니다.

남북이 함께 총 선거를 한다는 건 어떤 의미일까요? 단도직입적으로 설명한다면 북한의 조선로동당이 통일정부의 구성원이 될 수도 있다는 의미입니다. 양국 관계에서 북한 정부에 우호적인 입장을 보이더라도 막상 통일 이후 하나의 정부를 구성했을 때, 사회주의 정당의 존재를 인정하지 못하는 사람도 있을 수 있습니다. 따라서 총 선거가 필요 없다고 응답하신 분들은 북한 체제를 인정하지 않고 남한 체제만 인정하는 흡수통일의 결과를 얻게 됩니다.

"종전선언은 해야 할까요?"는 북한과의 적대적인 관계를 끝내길 원하는지에 대한 질문입니다.

북한과의 적대적인 관계를 끝내기 위해서는 현재의 휴전 상태를 종결짓는 종전선언이 필요합니다. 여기서 종전선언에 반대하는 입장은 북한을 협상이 가능한 대상으로 신뢰하지 않을 뿐 아니라, 종전선언을 할 경우에는 동북아의 세력 균형 상태가 무너져서 오히려 한반도의 평화를 헤칠 수 있다고 생각합니다. 이러한 이유로 북한과의 관계 개선을 바라지 않기 때문에 현상유지를 지지할 가능성이 높아집니다.

"북한 정부가 현재 남북의 정치·경제체제를 그대로 두고 그 위에 연방 정부를 구성하자고 제안합니다. 최선의 통일방안일까요?"는 두 체제를 유지하는 연방제와 합의된 하나의 체제를 갖는 것 중 무엇이 최선의 통일방안인지에 대한 질문입니다.

북한 정부를 동등한 합의 대상으로 여기고 남북 총 선거를 통해 북한 주민들의 의견을 받아들이는 것에 동의했다면, 당신은 지금의 남북을 개별 국가로 인정한다고 볼 수 있습니다. 그 이후에는 실현 가능한 통일방안이 무엇이라고 생각하는지에 따라 입장이 나뉩니다. 이미 오랜 기간 유지되어 온 두 체제를 인정하고 가야한다면 연방제의 결과가, 하나의 국가는 반드시 하나의 체제를 가져야 한다고 생각한다면 합의통일의 결과가 나옵니다.

"남북 간 유럽연합(EU)과 같은 국가연합을 형성해야 할까요?"는 통일의 형태를 선택하지는 않지만 북한과 좀 더 특별한 관계의 국가 관계를 원하는지에 대한 질문입니다.

유럽연합을 사례로 든 이유는 지리적으로 인접한 국가 간 연합을 형성했을 때 얻을 수 있는 공동의 이익이 무엇인지 참고할 수 있기 때문입니다. 남북 간 국가연합 정도의 관계를 맺길 원한다면 연합제가, 그렇지 않다고 선택했다면 평화체제가 결과가 나옵니다.

1부
6가지 미래와 당신의 선택

선택하기

해제 읽기

2부
7가지 질문과 당신의 근거

선택하기

해제 읽기

최종결정하기

- 1부에서 한반도의 미래 형태를 선택했다면 **2부에서는 근거를 선택합니다.**

- 통일에 대한 의견을 이야기할 때 제시하는 근거들은 **민족, 안보, 사회통합, 이산가족, 경제, 북한을 바라보는 시각, 정치체제** 일곱 가지로 분류할 수 있습니다.

- 2부에는 각 근거의 질문에 따라 다른 입장을 표현하는 적게는 2명부터 많게는 4명까지의 사람이 등장합니다. **모든 입장을 꼼꼼히 읽어보고 당신과 가장 가까운 입장을 선택하세요.**

- **각 질문마다 선택을 마쳤다면,** 워크시트에 **기록해주세요.**

- 입장을 선택할 때 **각 근거를 개별적이고 독립적인 내용으로 고민해야 합니다.**

민족

북한 사람과 **남한 사람**은
한 민족인가요?

네

아니요 → B

한 민족은 **한 국가**에서
살아야하나요?

네 → A

아니요

그래도 다른 나라보다는
더 특별한 관계여야 할까요?

네 → C

아니요 → D

(A) 독립유공자 후손

우리는 한 민족이죠. 민족 정체성 회복을 위해 통일을 이뤄야 합니다.

우리 민족은 세계에서 보기 드문 단일 민족입니다. 단순히 생물학적 '핏줄'만 공유하는 것이 아니라 언어, 역사, 문화, 지역적 공통성을 공유하고 있습니다. 2018년 남북정상회담 당시 남북 정상이 통역 없이 대화를 나누고 함께 평양냉면을 먹는 장면이 이를 상징적으로 보여주지 않았습니까?

게다가 한반도의 분단은 우리 민족이 결정한 일도, 우리 민족의 잘못으로 인해 일어난 일도 아닙니다. 독일은 제2차 세계대전을 일으키고 패배했기 때문에 분단되었지만, 한반도는 전쟁 책임과 무관하게 전후 형성된 냉전 체제 아래에서 강대국의 전략적 판단에 따라 분단된 것입니다.

저희 할아버지를 포함해 수많은 독립운동가가 조국의 독립을 꿈꾸셨지만, 지금과 같은 반쪽짜리 독립을 꿈꾼 것은 아니었습니다. 한반도가 분단 상태로 남아있는 한 광복은 미완성입니다. 우리 민족의 자주적 힘으로 통일을 이뤄야 합니다. 독립운동 정신을 통일운동으로 계승해야 합니다.

"어떠한 사상이나 이념을 동포 간의 하나됨보다 우선할 수는 없다." 백범 김구 선생이 꿈꾼 나라의 정신이었습니다. 외세에 의해 강제로 파괴되었던 민족 자주성과 역사의 회복을 이뤄야 합니다. 그리고 분단이 장기화되면서 분열된 민족 정체성을 회복해야 합니다. 분단의 극복은 아직 한반도에서 끝나지 않은 냉전의 해소와 한반도의 평화와 번영을 불러올 것입니다.

(B) 공부 좀 했다는 정치학 전공 대학생

솔직히 민족은 국민국가를 만들기 위해 생긴 개념이지 않나요? 이미 70년이나 각자 다르게 살아왔는데 언제까지 민족을 들먹일 건가요.

솔직히 저는 고조선 시대부터 이어져 왔다는 한민족의 실체를 받아들이기 조금 어려워요. 이런 이야기하는 게 왠지 눈치도 보이고요. 그런데 젊은 사람 중에는 저처럼 생각하는 사람들이 많을걸요? 한 민족이니까 통일해야 한다는 말도 이해가 안 되지만 그 전에 대체 민족의 개념이 무엇이냐는 거죠.

그리고 흔히 민족이라고 하면 역사, 혈통, 언어, 문화 등을 공유하는 집단이라고 하는데, 남과 북의 경우에는 너무 긴 시간 동안 떨어져 있어서 더는 그렇지 않아요. 북한 사람들을 보면 사실 일본 사람이나 중국 사람처럼 이제 점점 얼굴이나 복장이 미묘하게 달라 보여요. 언어와 일상 문화도 많이 달라졌고요. 70년 동안 일상적 수준의 교류, 사람들 간의 교류가 아예 없었는데 여전히 하나의 민족이라 강조하는 것은 설득력이 없어요.

그리고 제가 수업 시간에 배운 바에 따르면 민족은 위와 같은 동질성을 공유하는 집단이 아닌 근대 국가라는 정치적 공동체를 구성하는 국민이라는 정체성으로도 이해할 수 있어요. 조선과 일제강점기에 이르기까지 한반도에서 함께 살아왔으니 광복 직후에는 한반도에 사는 사람들 전체를 한 민족이라 부를 수 있었을지도 몰라요. 하지만 남북이 각자의 정부를 수립한 후에 민족은 남북 내부 구성원들의 결속력을 다지기 위해 국가가 동원한 정치적 이데올로기였어요. 이런 의미에서 보면 남과 북은 분단 이후 다른 민족이 된 거죠.

(C) 사회과학 전문 서점 사장님

한 민족, 한 뿌리인데 어떻게든 형제처럼 어우러져서 살아야죠. 다른 나라보다는 훨씬 친하게 지내야 하지 않겠어요?

요즘 젊은 사람들 통일에 반대하는 심정 이해합니다. 젊은 친구들에게는 북한 사람이 같은 동포라는 개념도 희미하지요. 이미 남북이 따로 살아온 세월이 몇 년인가요. 하지만 남과 북이 한반도에서 오랫동안 단일한 민족이었던 역사와 '민족의식'은 무시하지 못한다고 생각합니다. 저야 통일을 해야 한다 생각해도 젊은 친구들에게 꼰대처럼 '우리는 꼭 통일해야 한다' 이제 이런 말은 못 하겠습니다.

여태껏 우리 세대는 물론 이전 세대는 통일이라는 목표 아래 남과 북이 서로 대립하고 증오한 기억이 있습니다. 예멘처럼 통일을 하고 나서 다시 싸우게 된 안타까운 경우도 있죠. 사실 통일은 어떤 방식으로든 남북의 주도권 다툼을 만들어 낼 것입니다. 권력은 공백을 허용하지 않고 스스로 내려오지 않을 것이니까요.

하지만 같은 민족끼리 지금처럼 계속 서로 무기를 들이대고 교류도 없이 살아서는 안 되지 않겠어요? 이렇게 불신과 대립이 남아있는 한반도를 젊은 세대에게 그대로 물려주고 싶지 않아요. 한국전쟁 같은 민족의 비극은 한 번으로 충분합니다.

그러니까 우선 통일만이 답이라는 고정관념에서 벗어날 필요가 있습니다. 통일이 결과라면 평화가 과정이므로 평화를 먼저 잘 만들어 가야 합니다. 일단 먼저 남북이 적대적인 관계부터 종식해야 합니다. 휴전선이 국경선이 되고, 서로 자유로이 오고 가고 그리고 경제적으로 상생하는 방향으로 나아가는 것이죠. 갈등을 최소화하고 민족 공동의 번영을 추구하는 것이 최상의 선택이라 생각합니다.

(D) 증조부의 고향이 평양인 2002년생

북한 사람들과 우리가 한 민족이긴 하지만 한 민족이라고 해서 특별할 필요는 없다고 생각해요.

저희 증조할아버지는 평양에서 태어나서 분단 전까지 평양에서 사셨는데, 독립 후 사회주의 체제에 반대해서 남쪽으로 넘어오셨대요. 저희 가족이 따지고 보면 북한에서 온 거니까 당연히 북한 사람들도 저희랑 같은 민족이고 가족이라고 생각해요. 조상이 같다면 한 민족인 거 아닌가요? 태어난 곳은 한반도 남쪽이어도 본적이 북쪽인 사람들도 있고요. 분단 이후에 잠시 못 만났다 뿐이지 사실은 북한에 있는 사람들도 먼 친척이라고 할 수 있을 것 같아요. 그리고 전 세계에서 유일하게 말이 통하는 나라가 북한이기도 하고요.

그런데 그렇다고 해서 굳이 다른 나라보다 북한과 더 친하게 지내야 하나요? 저만해도 사촌보다 친구랑 더 친하고, 부모님도 친척보다는 회사 동료들이랑 더 친하신 것 같거든요. 친하게 지내는 데에는 피를 나눈 사이라는 것보다 실제 생활 속에서 이익이나 관심을 공유하는 게 더 중요한 것 같아요. 뉴스 보니까 지금의 북한이랑 친하게 지내는 건 경제적으로나 외교적으로나 부담만 되는 것 같아서 단지 민족이라는 이유만으로는 굳이 친해질 필요 없어 보여요. 이제는 그냥 다른 나라라고 생각하면 되지 않을까요?

선택한 입장을 워크시트에 기록하세요.

안보

북한과 사이가 좋아지면
안보 문제도 해결될까요?

북한과는 어떠한 경우에도
잘 지낼 수 없습니다.

A

북한과 좋은 관계만 유지한다면
안보 문제는 해결될 가능성이 높습니다.

B

북한과 친해지면 현재 동아시아
세력구조에 변화가 생겨서 위험해집니다.

C

(A) 한국전쟁 참전용사

북한은 믿을 만한 놈들이 못 된다!

'한반도 비핵화'란 실은 한반도 내의 한미동맹, 주한미군, 일본에까지 영향을 미치는 미국의 핵우산을 다 없애라는 말과 다르지 않아요. 북한이 비핵화 협상에서 하는 말을 들어보면, 결국 자기들을 위협하는 요소가 전부 없어져야만 비핵화를 시작할 거라고 합니다. 그런 비핵화는 바람직하지도 가능하지도 않은 시나리오입니다.

북한에게 핵무기는 미국의 공격을 억지할 유일한 도구입니다. 북한은 언제나 미국과 서방 국가들이 원하는 방식으로 한반도가 통일될 거라는 두려움을 안고 있지요. 이런 상황에서 북한이 진짜로 의도하는 것은 복잡한 핵 협상을 통해 시간을 끌어서 핵 프로그램을 더 발전시키는 겁니다. 그러니 북한의 표리부동한 태도에 넘어가 양보만 하고 북한 정권으로부터는 아무것도 얻지 못하는 상황에 놓여서는 안 됩니다.

북한의 비핵화 가능성이 희박한 상황에서 우리에게는 핵 균형이 필요합니다. 미국과 협의해 전술핵을 가급적 빨리 사정거리 내에 배치해야 합니다. 그렇게 해서 한미동맹을 해체시키고 한반도를 적화하려는 노력이 부질없다는 것을 북한이 스스로 깨닫게 해야 합니다.

우리의 주적은 일본이라 말하는 사람들은 그만 신경 쓰고, 여전히 시대착오적인 세습 독재를 일삼는 북한이 우리 머리 위에 있다는 걸 늘 명심합시다. 더구나 더욱 거세져 가는 미국과 중국의 패권 경쟁 사이에서 반드시 자유 세계의 편에 서서 우리를 수호해야 합니다. 자유 세계의 승리로 완전히 상황이 종결되어야 동북아에 진정한 평화가 올 것입니다.

(B) 평화교육을 받은 시민

한반도 평화를 너무 멀게만 생각하지 마세요. 북한과 신뢰를 구축해 군사적 긴장을 완화하고 전쟁 위험을 완전히 제거하면 우리는 평화로 나아갈 수 있어요.

남북은 한국전쟁 이후 경쟁하듯 국방비와 군사력을 늘려왔습니다. 그러나 경쟁적인 군비 확장은 복지와 경제 성장을 위해 사용되어야 할 예산을 낭비하게 했을 뿐 근본적인 불안감을 해소하지 못했습니다. 만성적인 안보 불안 속에서 남한보다 외교적, 경제적으로 취약한 북한이 결국 핵무기를 보유하면서 갈등이 극에 달하게 되었습니다.

평화를 위해서는 담대한 전환이 필요합니다. 우선, 종전선언을 통해 서로를 적으로 삼았던 전쟁을 공식적으로 종결해야 합니다. 그리고 서서히 휴전선부터 무장 해제하고, 군축 회담을 진행해야 합니다. 이렇게 불필요한 군사력을 상호 조정한다면 핵무기는 당연히 제거될 것이고, 핵무기를 다시 개발할 필요 역시 근본적으로 사라질 것입니다.

북한을 '적'으로 대상화하는 굳어진 관점 또한 버려야 합니다. 우리 교육은 여전히 북한과 한 민족이니 통일을 해야 한다 주장하면서도 동시에 북한을 적으로 간주합니다. 이런 전제에서는 평화를 이루기 위한 '상호신뢰'를 가르칠 수 없습니다. 한반도에 평화를 세우기 위한 관점의 전환이 요구됩니다.

사실 남북의 군사 경쟁은 여전히 냉전 체제에 머무르고 있는 동아시아의 국제 정세를 상징하고 있습니다. 따라서 한반도의 평화는 남북뿐 아니라 동아시아에도 평화로운 미래로 나아갈 계기를 마련해줄 겁니다. 만약 북한이 핵 도발을 계속해 한반도의 군비 경쟁이 심화된다면 동북아시아 전체의 군사적 긴장 상태 역시 심화될 뿐입니다. 이제는 한반도에서 시작하는 이 안보 불안의 고리를 끊어내야 할 때입니다.

누군가는 평화체제 또한 완전하지 않고 깨질 가능성이 있다고 얘기할지 모릅니다. 하지만 남북이 함께 합심하여 서로의 이득과 평화를 추구한다면 완벽하진 않아도 그 자체로 평화구축의 선례가 될 수 있으리라 생각합니다.

(C) 일본 대학원 출신 연구자

섣부른 변화는 평화보다는 오히려 혼란만 가져올 것입니다. 미국과 중국, 그리고 남한과 북한이 세력 균형을 이룬 상태가 지금이에요.

한반도의 안보 문제는 남북 만의 문제가 아닙니다. 한반도의 안보 상황이 변하면 미국, 일본, 중국, 러시아는 함께 영향을 받습니다. 따라서 섣부른 종전선언이나 평화체제, 더 나아가 통일을 하게 되면 우리나라의 안보 상황이 오히려 불안해질 수 있습니다.

우리가 북한과 종전선언을 한다면 북한은 금세 주한미군 철수를 요구할 겁니다. 지금도 한미연합 군사 훈련을 하면 미사일도 발사하고 무조건 반대만 하잖아요. 하지만 우리나라 입장에서는 함부로 미군을 철수시킬 수 없습니다. 만일 미군이 남한에서 철수하면 제일 좋아할 나라가 중국과 러시아 아니겠어요? 동아시아가 미국의 세력권에서 어느 정도 벗어나면 중국과 러시아가 바로 그 공백을 채우려고 할 것입니다. 중동에서 미국이 군사 개입을 줄이는 동안 러시아가 배후 세력으로 영향력을 확장한 것을 보세요. 그러니 북한이 미군 철수에 대한 입장을 바꾸지 않는 한 절대로 남북관계는 그 이상 진전되어서는 안 됩니다. 물론 북한이 자신의 입장을 바꿀 일은 없을 겁니다.

지금은 북핵 문제 등 한반도 문제가 가장 다급한 안보 이슈가 되면서 세계적으로 진행 중인 미국과 중국 간의 갈등이 동아시아에서는 수면 아래에 머물러 있습니다. 하지만 남북 관계가 개선되면 결국 미국과 중국의 대결 구도가 본격화될 것이고 사드 배치 등으로 남한은 이미 경험해 본 딜레마 상황에 놓이게 될 것입니다.

게다가 일본은 북한의 도발을 자위대 역할 확대의 구실로 삼으며 호시탐탐 전쟁을 할 수 있는 국가가 되기 위해 개헌을 하려 합니다. 그런 일본이 남북 관계가 개선되는 것을 북한의 위협이 줄어드는 것으로 해석할까요? 오히려 미국의 역할 축소나 중국의 위협 강화 등 일본이 더 큰 군사적인 힘을 과시해야 하는 근거로 생각할 것입니다. 어쩌면 남북이 통일 후에 경제적, 군사적, 외교적으로 일본을 위협하는 존재가 될까봐 더욱더 공격적인 안보 정책을 추구할지도 모릅니다.

그러니까 지금 남북의 적대 관계는 오히려 동아시아의 평화를 위해서 필요하다고 생각합니다. 미국이 남한과 일본에 주둔하고 있으니까 중국도 이쪽으로는 딱히 힘을 못 쓰는 것입니다. 동아시아에서 어느 한 나라라도 힘이 더 강해질 수 있는 빌미를 갖게 되면, 우리나라 안보에는 더욱 위협이 되는 상황이 펼쳐집니다. 북한과 평화롭게 지내고 싶다면 이런 상황도 고려하면서 이야기해야 합니다.

선택한 입장을 워크시트에 기록하세요.

사회통합

통일 이후 사회갈등보다
현재 **남한 사회 내 갈등**이
더 심한가요?

네 → A-1

아니요 ↓

그럼에도 불구하고
남북이 사회통합을 이룰
가치가 있을까요?

네 → A-2

아니요 → B

(A-1) Z신문사 기자

남북갈등보다 더 큰 문제는 남남갈등입니다.

2018년 평창동계올림픽 당시 여자 아이스하키 남북 단일팀의 모습을 기억하실 겁니다. 우리 모두가 한 마음으로 '작은 통일'을 이뤄낸 순간이었습니다. 시민들은 '우리는 하나다'라고 외쳤죠. 서로 만난 남과 북은 우리가 왜 같이 해야 하는지, 그리고 얼마나 그리워하고 있는지 깨달았습니다. 남북 정상이 통역도 없이 이야기를 하고 평양냉면을 나눠 먹는 장면은 통일은 한 핏줄이 다시 만나는 당연한 문제로, 실은 어려울 것도 복잡할 것도 없는 문제라는 것을 일깨워 주었습니다.

물론 함께 산다는 것은 예상치 못한 갈등을 유발할 수 있습니다. 그러나 더 심각한 갈등이 이미 우리 내부에 존재합니다. 해방 이후 친일파 청산을 제대로 하지 못한 가운데, 친일 세력이 미국의 반공주의에 부응하며 민족 세력으로 둔갑해 권력을 잡았습니다. 이후 독재 정권을 거치며 기득권을 유지해 온 이 세력들은 지금도 '종북' 운운하며 남남갈등을 부추기고 있습니다. 이 남남갈등이 남북갈등이 해소되지 못하는 근본 원인입니다. 우리 사회에 남아있는 뿌리 깊은 친일정신과 친미주의로 인해 남북의 대화와 협력이 지속되지 못하는 것입니다. 친일파들은 북한에 대한 원한과 증오를 증폭시키며 통일을 가로막고 있고, 친미파들은 북한이 주적이라고 강조하며 북한과의 평화를 가로막고 있습니다.

통일은 말 그대로 남북갈등의 끝일 뿐 아니라, 북한에 대한 증오와 군사적 충돌에 대한 불안에 기생한 세력들이 부추겨 온 남남갈등도 끝낼 수 있는 계기가 됩니다. 그럼으로써 반공주의에 의해 억압되어 온 평등과 평화, 연대와 포용의 가치가 인정받고 현실을 바꿀 힘이 된다면, 이질적인 사람들이 함께 살게 되면서 겪게 될 새로운 갈등은 충분히 해결될 수 있을 것입니다.

통일의 최종적 완성은 정치가 아니라 문화입니다. 문화는 곧 삶의 모든 것이기 때문입니다. 지난 세월 동안 남과 북은 문화의 뿌리는 같았지만 서로 다른 꽃과 열매를 맺어왔습니다. 이제는 이종교배를 해야 하는 시간입니다. 고조선, 고구려의 역사연구를 통해 단절되었던 민족 문화를 되살리고, 남북 양쪽 문화를 결합함으로써 새로운 한류를 창조할 기회로 만들어 볼 수도 있을 겁니다. 우리 민족의 통일은 문화와 전통이 같은 한 핏줄이 다시 만나는 당연한 문제입니다.

(A-2) (전) 독일대사관 외교관

남북의 통합을 위해선 지금부터 준비와 교류가 필요합니다.

한반도가 분단된 지 70년이 넘었습니다. 이제는 분단 이전을 기억하는 사람보다 이후에 태어난 사람이 더 많습니다. 북쪽과 왕래하고 교류하는 것보다 적대시하고 단절된 상태가 더 익숙한 사람이 많습니다.

우리보다 먼저 통일을 이룬 독일의 사례는 우리의 통일이 어떠할지 많은 시사점을 줍니다. 독일 통일 당시 동독지역 주민의 소득은 서독의 1/3 수준이었습니다. 통일 이전에도 동서독은 꾸준히 우편과 여행, 방문 등의 교류를 이어왔지만, 갑작스런 통일은 동서독 주민 모두에게 쉽지 않은 과제였습니다. 통일이 30년이 지난 지금도 동서독 출신 주민 간의 불만과 격차 문제는 여전히 남아있습니다.

그러나 이런 어려움에도 불구하고 독일 시민은 미래를 선택했습니다. 서독 주민들은 평화라는 이익을 얻었고 동독 주민들은 더 많은 자유와 인권을 얻었습니다. 독일 통일은 오늘날 유럽연합의 탄생의 배경이 되기도 했습니다. 결과적으로 독일의 통일은 유럽의 정세 안정과 유럽통합, 더 나아가 세계평화에도 이바지한 것입니다.

남북통합을 이루기 위해서 북한의 변화를 마냥 기다릴 수만은 없습니다. '협력을 통한 변화'와 '변화를 전제한 협력'에 적극 나서야 합니다. 왜냐하면 독일의 사례처럼 남북의 평화통일은 결국 북한 주민의 결단 없이는 불가능하기 때문입니다. 그와 함께 남한 주민의 통일의지도 중요합니다. 통일로 가는 길은 멀고 험난하겠지만 가지 않을 수 없는 길이며 멈출 수 없는 길입니다. 남북통합과 통일의 기회를 한반도 문명을 새롭게 쓰는 기회로 만들어 나가야 합니다.

(B) 직장 동료와의 갈등에 지친 회사원

남한 내에서도 차별과 편견, 갈등이 넘쳐나요. 우리가 만들지 못한 사회를 통일한다고 해서 만들 수 있을까요?

저는 북한 사람이 어떤 사람인지 전혀 모르고 솔직히 큰 관심도 없습니다. 층간소음 때문에 싸우는 우리 윗집 사람보다도 더 모른다고요. '북한 사람'과 같이 살기 싫다고 말하는 게 아니라, '남한 사람'들이랑 살기도 솔직히 쉽지 않잖아요. 남녀 간, 가족 간, 지역 간, 계층 간, 세대 간 갈등 속에서 살고 있는데 완전히 다른 국가에서 태어나고 자란 사람들과 갈등이 없을 수 있을까요?

갈등이 생길 수 있다고 확신하는 건 남한과 북한의 문화 때문입니다. 남한은 정말 차별이 일상화되어 있습니다. 학교나 직장에도 늘 소외되거나 따돌림 당하는 사람이 있죠. 특히 이주자나 북한이탈주민 같은 사람들에게는 편견의 정도가 더욱 심합니다. 우리도 그런데 대표적인 고립국가인 북한은 얼마나 더 심할까요. 자신과 다른 세계에서 자라온 사람을 만난 경험이 거의 없는 사람들인데 남한 사람들을 이해할 수 있을까요?

남한과 북한 사람이 공유하는 가치와 문화는 이제 거의 없는 것 같습니다. 북한은 배급제를 하다가 이제서야 시장이 자리잡았다는데 우리는 스마트폰으로 매일같이 쇼핑을 하고요, 북한은 3대가 세습하며 통치하지만 우리는 5년 임기의 대통령제에 익숙합니다. 뉴스를 보니 북한이탈주민들이 남한 사회에 적응하는 것도 정말 힘들다던데 남북한이 갑자기 한 나라가 된다면 과연 모두에게 행복한 사회일지 의문입니다.

언젠가 사람들의 마음과 사회의 문화가 변해서 진정한 통합이 가능해진다고 하더라도 그 사이에 겪어야 하는 고통의 시간이 너무 길어요. 그 시간을 견딜만한 가치가 있을지 모르겠습니다. 독일이 통일한 지 25년이나 지났지만 그래도 여전히 동독 출신 주민들의 71%는 여전히 차별이 있다고 생각한답니다. 물론 공통의 목적과 필요가 있으면 북한 사람들과 교류할 수 있고 만날 수도 있고 함께 일할 수도 있죠. 하지만 완전히 사회가 통합되어서 서로가 삶의 방식을 배우고 이해해야 한다면 그건 너무 힘들 것 같습니다. 극복하고 노력하면 다 된다는 말은 너무 무책임한 소리입니다.

선택한 입장을 워크시트에 기록하세요.

※ A-1와 A-2는 A로 기록하세요.

이산가족

이산가족 문제는
어떤 방식으로
해결해야 할까요?

통일이 되어야만
해결할 수 있습니다.

A

전화, 통신만 되어도
해결할 수 있습니다.

B

곧 상관없어질 문제 아닌가요?

C

(A) 북녘이 고향이신 90세 할머니의 딸

우리 어머니의 평생 소원은 다시 고향에 가시는 겁니다.

저희 어머니는 평안남도 출신이십니다. 난리를 피하자고 잠깐 고향을 떠났던 게 어느새 70년이 되어버렸습니다. 어머니는 이 나이 들어서 무슨 부귀영화를 더 누리겠냐 하시면서, 아무리 어렵게 산다고 해도 남은 생은 고향에서 살고 싶다는 말씀도 종종 하십니다. 고향을 잃고 가족과 생이별을 하고, 타지에 내팽개쳐져서 살아온 어머니의 삶은 누구에게 보상받을 수 있을까요? 저도 북쪽 가족 선산에 묻혀 계실 아버님 묘에 술 한잔이라도 올리고 싶습니다.

하지만 우리나라 정부, 그리고 북한 정부 모두 이산가족 문제에는 전력을 다하고 있지 않습니다. 1948년 제정된 유엔인권선언 등을 보면 국제 인권 관련 법규들에는 가족이 한 사회의 가장 기본적인 단위 집단으로 사회와 국가의 보호를 받아야 한다는 점이 명시되어 있습니다. 따라서 남북 이산가족 문제는 인도주의가 아닌 인권의 차원에서 국제사회의 공조를 통해 해결되어야 하는 문제입니다.

남북 이산가족 문제는 '가족권'이라는 가족 성원의 기본권과 거주 이전의 자유, 통신의 자유, 상봉 면접권 등 시민적 권리를 침해하는 중대한 인권 문제입니다. 이산가족 상봉이라는 정치적 일회성 행사보다는 근원적인 해결책이 필요하지요. 남북은 이산가족 상봉을 정치적 도구로만 활용했을 뿐, 이산가족 상황 개선에는 관심이 없었습니다. 정전협정 이후 60년이 훨씬 넘었습니다. 늦어져도 너무 늦어지고 있습니다.

(B) 아이들의 학업을 위해 미국에서 거주하는 아빠

통일까지 안 해도 남북관계가 좋아져서 만남, 전화 등만 자유로워져도 해결할 수 있는 일이라고 생각해요.

사실 저는 우리 가족을 생각해 보면 이산가족 문제를 해결하기 위해서 통일까지 할 필요가 있는지 모르겠습니다. 우리 가족은 아이들 공부 때문에 뿔뿔이 흩어져서 살고 있거든요. 저와 아이들은 미국에 와서 살고 있고 아내는 남한에서 돈을 벌고 있어요. 아내를 보기도 힘든데 부모님은 당연히 보기 쉽지 않죠. 그래도 다행인 건 요즘 워낙 전화나 통신이 잘 되어 있다는 것? 영상통화를 자주 할 수 있으니까 좋죠.

물론 이산가족 문제는 우리 가족 상황과는 다르다고 생각해요. 저희는 이런 삶을 선택한 거고 마음만 먹으면 가족들과 다시 함께 살 수 있습니다. 하지만 이산가족들은 가족들과 떨어져 사는 삶을 선택한 적이 없었죠. 이렇게까지 오래 못 보리라고, 생사를 확인하기도 어려우리라고 생각해본 적도 없이 헤어졌으니까요. 만남은커녕 편지나 전화도 할 수 없는 상황에서 지금까지 얼마나 한이 많이 맺혀있을까 싶어요.

하지만 그렇다고 해도 저는 이산가족 문제를 해결하는 방법이 통일이어야 한다고 생각하지는 않아요. 굳이 고향에 가서 살지 않더라도 저희처럼 언제든 연락할 수 있는 정도, 필요할 때 만날 수 있는 정도, 고향을 방문하실 수 있는 정도만 되어도 충분하지 않을까 싶어요. 사실 그 분들도 다시 옛날처럼 사는 삶을 바라지도, 가능하지도 않다고 생각하실 겁니다. 그저 더 늦기 전에 헤어진 이후로 한번도 만나지 못한 한, 서로의 생사도 알지 못한 그 한을 풀어드리도록 하는 것이 도리이지 싶어요.

(C) 익명을 요구함

이제 남은 분들은 거의 80세 이상이라고 하던데 이산가족 문제는 이분들이 돌아가시고 나면 사실 사라질 문제 아닐까요.

이산가족 상봉하는 거 보면 저도 마음이 찡하고 슬프지만 현실적으로 봤을 때 이제 절반 이상의 이산가족이 80세 이상이라고 하더라고요. 길어도 10년에서 15년 정도 사이면 다 돌아가실텐데. 그분들 때문에 통일해야 한다는 건 납득이 안돼요. 물론 여전히 고향이 북한 지역이라고 생각하시는 분들도 많겠지만 그것이 현실의 삶에서 많은 부분을 차지하는 건 아닌 것 같아요.

그리고 가족들이 만나서 함께 살아가기에는 이미 한참 늦었다고 생각해요. 통일을 하려면 분단되고 십여 년 후에나 했어야지, 지금은 분단된 각자의 나라에서 새로운 인생을 다들 살고 있잖아요. 아직도 이산가족이란 이유로 남북이 통일해야 한다고 이야기하는 분들을 보면 때가 너무 지난 이야기인 것 같아 답답해지고 그래요.

그런데 저처럼 생각하는 사람들을 마치 이산가족에 대해 이해하지 못하고 이기적인 사람인 것처럼 보시는 것 같더라고요. 저는 이산가족들이 영영 만나지 못하고 돌아가시는 걸 바라는 게 아니에요. 이제는 시간이 너무 많이 흘렀고 통일이라는 엄청난 혹은 어려운 선택을 이산가족 때문에 해야 한다는 생각을 받아들이는 것이 이제는 어렵다는 것이죠.

선택한 입장을 워크시트에 기록하세요.

경제

통일비용과 분단비용 중
어느 쪽이 더 많이 들까요?

당연히 분단비용이 크죠!

A

통일비용은 상상 이상으로
많이 들어요!

B

(A) M금융투자증권 대리

통일비용은 투자 비용이고 분단비용은 소모 비용입니다!

통일비용은 남북의 격차를 줄이고 사회경제를 통합하는 데 드는 모든 비용을 말합니다. 그런데 이 비용은 예상 규모보다 사실상 '투자'라는 성격에 집중해서 살펴봐야 합니다. 북한 지역에 인프라를 건설하는 데 드는 비용은 경부고속도로와 인천국제공항의 사례에서 보듯이 장기간에 걸쳐 비용보다 큰 편익으로 돌아올 것입니다. 교육 과정이나 복지체계를 개편하는 데 드는 비용 역시 인적 자본에 대한 투자이고, 국민들이 삶에 안정감을 갖고 서로를 신뢰하면서 발생하는 사회적 자본에 대한 투자입니다.

통일에 비용이 드는 것처럼 현재의 분단 상태를 유지하기 위해서도 발생하는 비용이 있습니다. 대규모 병력 유지와 무기 구입 등 남북 적대 관계로 인해 발생하는 비용이 대표적인 분단비용에 해당합니다. 평화 상태에서는 불필요하거나 과다한 지출에 해당하는 이 비용들은 소모적입니다. 통일은 이런 비용을 없앰으로써 여기에 쓰던 예산을 보다 생산적으로 사용하게 해줄 것입니다.

통일이 가시화된다면 이제껏 우리 주식시장에 유령처럼 존재했던 코리아 디스카운트가 사라지고 국가 신용도가 상승할 것입니다. 그러면 전 세계의 자본이 우리의 증권 시장으로 몰려들 것이고 통일비용으로 분류되는 자금을 상당 부분 확보할 수 있을 것입니다. 또한 북한 지역에 부족한 인프라를 채워가면서 남한의 건설, 제조, 철강 산업이 다시 활황을 맞을 것입니다. 육로교통이 열리면서 유통비가 절감되고 우리 산업의 새로운 수출 길이 열릴 겁니다. 배와 비행기 항로도 이전보다 나아질 겁니다. 게다가 남한의 기술과 자본, 북한의 자원과 노동력이 결합한다면 엄청난 시너지 효과가 창출됩니다.

독일이 엄청난 통일비용과 사회통합에 어려움을 겪었다는 것은 잘 알려진 사실입니다. 통일 이후 독일은 세금을 올려가며 통일비용을 감당해야 했지만 이후 얻은 통일 독일의 편익은 그보다 더 커졌습니다. 현재 독일은 유럽연합 국가 중에서 가장 큰 경제력과 소득을 보이며 유럽의 리더로 우뚝 선 국가가 되었습니다.

(B) 내 집 마련과 노후 생활이 걱정인 27세 취준생

북한이랑 우리랑 경제 수준 차이가 얼마나 많이 나는데요. 통일해서 얻게 되는 경제적 이익도 있을 수 있다고는 하지만, 당장에 저희가 보는 피해가 너무 크잖아요.

아니 생각을 해보세요. 뉴스에서도 학교에서도 북한이 얼마나 가난한지 평생 들어왔는데 어떻게 같이 살면 이득이 더 많을 거라고 생각하겠어요? 아무리 긍정적으로 생각해도 당장에 지출해야 하는 비용들이 있을 거고, 남북의 물가와 임금 차이는 어떠합니까. 천천히 교류하면 된다고 하는 뉴스를 보긴 했는데 얼마나 교류해야 북한의 경제 수준이 남한만큼 성장할 수 있는 건가요? 말만 평화경제라고 하지 그게 정말 경제적으로 도움이 되는지 모르겠어요.

그리고 솔직히 통일하면 당장 복지 차원에서 북한 사람들의 생계비도 지원해야 할 거 아니에요. 북한 사람들 연금은 있어요? 건강보험은요? 이 모든 걸 남한 사람한테 세금으로 걷어서 할 거 잖아요. 아직 우리도 전부 잘 사는 것도 아니고 저 같은 청년들은 요즘 취업도 안 돼서 힘든데, 그 비용을 어떻게 감당해요.

물론 저도 알아요. 국방비도 계속 지출되고 있고 분단 상황 때문에 남성

들은 모두 입대해야 하고 분단으로 입는 경제적 손해도 만만치 않죠. 하지만 통일하면 국방비가 지금보다 줄긴 하겠지만 어차피 필요한 비용입니다. 북한의 자원으로 통일비용을 회수할 수 있다, 시장 확대로 부가적으로 얻는 이익이 있다고는 하는데 이것도 다 희망 섞인 전망이지 불확실한 이야기고요. 그리고 우리나라가 지금 수준으로 GDP를 올리기 위해 얼마나 많은 희생을 했는데 북한 사람들은 솔직히 우리 덕을 너무 많이 보게 되는 거 아닌가 싶기도 해요.

그리고 청년들이 자꾸 통일비용 때문에 통일하기 싫은 핑계를 대는 것처럼 말씀하시는데 저희도 가치가 있다면 그만큼 비용을 지출합니다. 투자도 하고요. 하지만 통일을 생각해보면 비용 대비 편익이 확실하지 않아요. 통일해서 이익을 보는 사람도 있겠지만 누군가는 통일해서 더 어려워질 것입니다. 그리고 비단 경제적인 것만 편익이라고 말하는 것도 아니고요. 투자한 만큼 우리 사회가 그리고 내가 얻을 수 있는 것이 있다면 동의할 수 있어요. 하지만 제 미래가 어떻게 될지 모르는 것처럼 통일 이후 무엇이 긍정적일지 전혀 보이지 않습니다.

선택한 입장을 워크시트에 기록하세요.

북한에 대한 시각

북한 정부는
불량국가인가요?

네 ↓

아니요 → B-1

북한 정부는
정상화될 수 있나요?

네 → B-2

아니요 → A

(A) 김일성대학 출신 북한이탈주민

북한이 불량국가인 건 당연하지 않나요?

공산주의와 사회주의는 기본적으로 세습에 반대한다는 것을 아시나요? 북한은 사회주의를 표방하는 국가이지만 세계에서 유일하게 세습을 정책화한 나라로, 순수한 사회주의 국가가 아닙니다. 정상국가로 가기 위해선 이 문제부터 해결해야 하죠. 국제 사회에서 정상국가로 인정받기 위해 인권 문제를 해결해야 하는 것도 빼놓을 수 없습니다. 대표적으로 정치범 수용소가 있죠. 북한도 먹고 사는 문제야 해결하려 노력하겠지만 정치범 수용소 같이 체제 불안을 막는 부분은 전혀 개선하지 않을 것입니다.

최근 북한의 대외 방송이나 국제 무대에서 김정은 위원장은 색다른 모습을 연출하고 있습니다. 하지만 이는 근본적인 변화가 아니라 한 마디로 쇼에 지나지 않습니다. 김정은 위원장이 원하는 건 인도와 파키스탄처럼 사실상 핵보유국 지위를 얻고 현재의 체제를 지속하는 것입니다.

지금 북한과 대화로 평화통일을 논하는 것은 사실 어불성설이고 비현실적입니다. 북한이란 나라는 통일의 기본조건인 평화공존의 의지조차 없기 때문입니다. 기본적으로 반민주적이고 평화를 위협하는 북한을 온전한 협상의 대상으로 받아들일 수 없습니다. 대한민국의 정체성과 자부심을 더 당당히 가져 북한과 맞서야 합니다.

(B-1) 세계 분쟁지역 전문 특파원

그건 솔직히 미국이 주장하는 개념 아닌가요. 다른 나라를 불량국가라고 지정할 권한이 있는 나라는 없어요.

미국이 정의하는 '불량국가'란 세계평화에 위협을 주며 인권 탄압을 자행하는 불량정부를 가진 국가입니다. 세계평화에 위협이 되는 국가들을 견제하고 감시하는 것이 국제사회의 의무이긴 하지만 미국은 자국의 이해관계에 따라 불량국가라는 개념의 적용 여부나 개입의 정도나 방법에 대해서 자의적으로 결정하고 있기 때문에 문제가 됩니다.

북한이 핵무기를 개발하고 미사일 발사를 하는 것이 평화적인 행동은 아닙니다. 그러나 공식적인 핵보유국인 미국, 영국, 러시아, 프랑스, 중국 외에 인도, 파키스탄, 이스라엘도 핵무기를 보유하고 있습니다. 다른 강대국들은 물론, 심지어 수차례의 전쟁을 일으키고 매년 무력 도발을 하고 있는 이스라엘도 불량국가라고 불린 적이 없습니다. 불량국가라는 낙인을 찍은 데에는 현실적인 위협에 대한 평가가 아니라 의심과 편견이 더 크게 작용하고 있는 건 아닐까요?

인권은 태어난 순간 갖게 되는 것이지만, 우연히 내가 태어난 국가의 능력과 의지가 허락하는 한에서 보장받는 것이 현실입니다. 매년 북한 인권 결의안을 채택하는 유엔에서는 북한이 아닌 다른 국가들, 자국민에 대한 대량학살을 자행하기도 하는 국가들에 대한 인권 문제도 함께 논의되고 있습니다. 보편적인 인권의 기준을 함께 마련하고 모든 곳에서 지켜지도록 노력하는 것은 중요한 일이지만, 다른 나라에게 그 기준을 강요하고 지키지 않으면 제재를 하는 것은 해당 국가의 주권을 침해하는 것이 되기 때문에 신중해야 합니다. 특히 불량국가 논의는 인권을 탄압하는 정부가 사라지면 인권 문제가 해결될 것이라는 생각을 함축하고 있는데, 이 생각이 얼마나 위험한지는 독재자들이 사라진 중동 국가들에서 IS가 득세했던 사실이 분명히 보여줍니다.

불량국가라는 개념이 유효하다면 북한은 피해갈 수 없겠죠. 하지만 미국 주도 하에 유지되는 불량국가라는 말은 결국 힘 있는 강대국의 판단으로 약소국의 주권이 좌지우지되는 계기를 마련할 뿐입니다. 북한이 아닌 남한이나 미국이어도 불량국가의 개념에서 완전히 자유로운 나라는 없습니다. 어디든 완벽한 국가는 없으니까요. 오히려 불량국가라는 개념의 틀에 얽매이지 않고 대등한 국가로 북한을 바라보고 대화해야 합니다.

(B-2) 남북교류협회 소속 연구원

끊임없는 접촉을 통하여 변화를 만들어 내야죠.

북한이 비정상국가, 불량국가로 여겨지는 것은 북한이 당면한 문제를 해결할 수 있는 상황이 조성되지 않았기 때문입니다. 경제적 고립과 제재, 체제 보장의 위험이 계속되는 한 북한은 당연히 '군사력'에 기댈 수밖에 없습니다. 우리는 북한이 당면한 문제를 해결하기 위해서 무엇이 가장 효과적인지, 무엇이 한반도 평화 정착에 적절한 조치인지, 무엇이 북한의 변화를 촉진하는 것인지 고민해 봐야 합니다. 이에 대한 가장 현실적인 방안은 남북 간의 대화와 교류를 통한 북한의 변화를 추동하는 것입니다.

남한의 안보개념은 크게 평화를 지키는 안보와 평화를 만드는 안보로 나뉩니다. 전자가 한미동맹 군사력에 기반한 전통적 안보라면, 후자는 남북 간 대화와 교류협력으로 관개를 개선해 평화를 정착시키는 적극적 안보입니다. 남북관계 개선을 통한 한반도 탈냉전과 항구적 평화체제를 추구한 김대중 대통령의 '햇볕정책'을 예로 들 수 있습니다. 보수정권이었던 박정희 정부의 7.4 남북공동성명과 노태우 정부의 남북기본합의서 역시 이런 맥락과 맞닿아 있었습니다. 남북기본합의서에는 '평화통일을 성취하기 위하여 공동노력을 경주할 것'이라고 규정하고, 남과 북 당사자가 주도적으로 평화체제를 만들기로 합의했습니다.

앞으로도 우리는 적극적으로 평화를 만드는 안보관을 견지해야 합니다. 기존의 합의를 존중하고 그 합의의 정신을 따라서 북한의 비핵화나 남북문제를 해결해 나가야 합니다. 전통적 안보관의 우려와 달리 이제 우리는 북한보다 훨씬 우월한 군사력을 보유하고 있기 때문에 대화와 교류에 있어 더 자신감을 가져도 됩니다.

게다가 2018년에 진행된 남북정상회담과 북미정상회담에서 보여준 김정은 위원장의 태도는 다른 국가들에게 북한이 정상국가를 목표로 한다는 것을 보여주었습니다. 기존의 고립된 외교를 벗어나 다른 국가의 정상들과 정상회담을 진행하고 비핵화와 경제 발전에 대한 논의를 진행했죠. 북한은 현재 대내외적으로 체제를 보장받아야 하는 기로에 서 있습니다. 북한이 국제 사회의 규범과 기준을 지킬 때 국제 사회로부터 무엇을 얻을 수 있는지를 제시하여 발전 가능한 교류를 맺을 수 있도록 추진해야 합니다.

선택한 입장을 워크시트에 기록하세요.
※ B-1와 B-2는 B로 기록하세요.

정치체제

남북의 **현재 체제를 바꿀 필요**가 있을까요?

북한의 체제만 바꾸면 됩니다.

A

남북 모두 바꿀 필요 없습니다.

B

남북 모두 바꿔야 합니다.

C

(A) 자유민주주의 관련 단체 후원자

자유민주주의 체제가 승리했다는 것이 너무 명백한데 우리가 왜 북한의 체제를 인정해줘야 합니까?

제 의견을 말하는 게 아니라 역사적으로 확인된 사실입니다. 과거에 소련하고 미국하고 맞붙는 시기가 있었는데 소련이 너무 명백히 패배했습니다. 소련만 패배한 것도 아니고 공산권의 여러 국가가 붕괴했습니다. 수많은 사람의 희생을 통해서 공산주의의 이론 자체가 틀렸다는 게 입증된 겁니다. 그 이후로 자유민주주의가 계속 확산되어 왔고 이제는 자유민주주의가 기본이자 상식이 되는 세상입니다. 그런데 아직도 북한은 시대착오적인 공산주의 체제를 유지하고 있는 것이 문제이죠.

권력이 편중되어 있고 견제를 받지 않는 북한과 같은 독재사회에서는 필연적으로 근로자의 생산성이 떨어지고 기업은 효율성이 떨어지는 경제정책을 펼치게 되고 결국엔 국가가 가난해집니다. 정치적 이해관계와 경제적 이해관계는 서로 연관되어 있는데 정치적 결정을 내릴 수 있는 사람이 북한에서는 한정되어 있기 때문입니다.

자유민주주의는 김정은과 같은 최악의 인물이 권력을 잡더라도 나라를 망치는 것을 막아낼 수 있는 체제입니다. 자유민주주의 국가에서 주권은 대통령에게 있는 것이 아니라 국민에게 있으니까요. 국가란 무엇인가란 질문에 국가는 시민을 위해 존재해야 한다는 사실을 부정할 사람은 아무도 없을 것입니다.

(B) 중국 소재 부품 공장 경영주

지금 남북에게 필요한 건, 서로의 체제를 비정상적이고 불완전한 체제로 여겨온 역사를 극복하고 새로운 외교관계를 맺는 것입니다.

남북이 서로의 체제를 인정하지 못한 채 잠정적으로 하나의 체제로의 통일을 염두에 둔다면, 지금의 국가체제를 계속 불완전한 상태로 여기고 있는 것입니다. 70년째 통일은커녕 그 가까이도 못 가고 있으니 지금의 상태를 어떻게 해석해야 할지 고민이 됩니다. 국가 내부적으로도 북한 관련된 문제만 나오면 대립하게 되고 정치적으로 소모되는 부분도 많죠. 이제는 서로의 체제를 인정하고 두 국가의 존재를 인정하는 게 무엇보다도 지금 절실하다고 생각합니다.

오랜 기간 반공교육을 받아왔고 북한과 적대적인 관계를 유지해 왔기 때문에 북한의 체제를 뭔가 정복해야 할 것처럼 말씀하시는 분들이 많습니다. 하지만 생각해 보세요. 지금 미국과 중국만 봐도 서로 정반대의 체제이지만, 세계 1, 2위를 다투며 경제 대국으로 성장했고 국민의 삶의 질을 높이겠다고 주장하고 있습니다. 중국도 정치적으로는 여전히 공산당이 지배하는 정치체제지만, 자본주의를 받아들이면서 많은 부분에서 달라지고 있고요. 냉전 이후 사회주의 이념이 실패했다고만 생각하겠지만 두 이념 모두 각국의 역사와 특수성에 따라 다르게 적용되는 것이 사실입니다. 같은 자유민주주의 국가라 해도 미국과 남한이 다르고 같은 공산주의 국가라 해도 중국과 북한이 다른 것처럼 말입니다. 서로를 이분법적으로 판단하여 선을 긋기보다는 관계를 맺어가면서 상대국과 긍정적인 영향을 주고받는 것이 더 바람직하지 않을까요?

비단 남북관계만의 문제가 아니라 이후 국제사회가 미국 단일 패권에서 미중 양국 패권으로 이동하는 상황에서 남한이 북한의 체제를 인정하지 않고 계속 대립하는 것이 미래지향적인지 확언하기도 어렵습니다. 이제는 남북이 하나의 체제를 가진 통일 관계를 지향하기보다 서로의 체제를 인정함으로써 완전히 새로운 외교 관계를 맺어가는 것이 우리의 진보와 발전을 위한 것이라 생각합니다.

(C) 4차 혁명 시대에 관심이 많은 미래학자

새로운 시대에는 새로운 상상력이 필요해요!

일본의 항복으로 한반도는 해방을 맞았지만 한반도 북쪽엔 소련이 들어오고 남쪽엔 미국이 들어왔죠. 중화인민공화국의 수립과 소련의 세력 확대로 미국과 일본은 샌프란시스코 강화조약을 맺고 동맹 관계가 되었습니다. 한·미·일과 북·중·소의 대립 구도는 이후 오랫동안 냉전 질서의 핵심이자 남북관계의 성격을 규정지어 왔습니다.

하지만 현재 이러한 대립구도는 거대한 변화에 직면했습니다. 미국은 미국 우선주의를 외치며 세계의 경찰 역할에서 물러나겠다고 합니다. 소련은 붕괴했고 중국의 패권은 날로 강해지고 있죠. 미국이 사라진 자리에 각 지역의 문화와 패권이 부상하고 있습니다. 한반도는 다시금 미중 패권 경쟁 사이에서 국가적 위기를 맞이할지 모릅니다.

국제질서의 변화와 더불어 기술혁명과 기후변화도 시급한 과제입니다. 산업혁명 이후 고작 200년 사이에 인간은 하늘과 땅, 바다를 변화시키고 이제는 생명의 신비마저도 넘나들고 있습니다. 엄청난 산업의 발달은 기후와 생태계를 교란시켜 대멸종의 시대를 불러왔습니다. 인공지능과 로봇의 발달은 인간이 일자리를 위협하고 있고, 기존의 '일', '인간'의 정의가 흔들리고 있습니다.

상상 못할 수준의 세계적 변화에 대응할 우리의 사회적 제도와 동력이 아직 많이 미비합니다. 기존의 것들은 이미 수명을 다하고 있습니다. 새로운 시대에 걸맞는 새로운 상상력, 새로운 문화 창조가 시급합니다. 하지만 남과 북은 모두 기존 체제 내에서의 '기득권'으로 남아 미래를 나아갈 의지도 추진력도 부족합니다. 남북통일은 단순히 남과 북의 산술적 결합 수준을 넘어서 새로운 비전과 사상을 가진 새로운 나라로 승화하는 화학적 결합이 될 것입니다.

선택한 입장을 워크시트에 기록하세요.

6가지 미래 남북관계 형태와 근거 정리

6가지 미래 남북관계 형태에 **적합한 근거를 정리**한 것입니다.
아래 표를 참고하여 **워크시트 뒷면 활동을 진행해주세요.**

	민족	안보	사회통합	이산가족	경제	북한에 대한 시각	정치체제
흡수통일	A	A	A	A	A	A	A
연방제	A	B	A	A	A	B	B
합의통일	A	B	A	A	A	B	C
현상유지	B	C	B	C	B	A	A
연합제	C	B	B	B	B	B	B
평화체제	D	B	B	B	B	B	B

1부
6가지 미래와 당신의 선택

선택하기

해제 읽기

2부
7가지 질문과 당신의 근거

선택하기

해제 읽기

최종결정하기

2부에서 당신은 통일과 관련된 일곱 가지 질문에 대한 의견을 선택했습니다.

1부는 미래 남북관계 형태를 결정하는 데 필요한 질문으로 구성되어 있습니다. 이 질문은 사실에 대한 견해를 묻는 것이었고 그 판단을 돕기 위해 역사적 사실과 개념의 정의, 다양한 관점을 소개하는 등의 해설을 덧붙였습니다.

이와 달리 2부에서는 해설이 아닌 주장을 읽고 의견을 선택해야 합니다. 2부의 내용이 주장과 의견인 이유는 미래의 안보 상황, 통일비용과 분단비용 비교 등의 주제는 현재로서는 확실히 알 수 없고 역사적으로 참고할만한 근거도 불분명하기 때문입니다. 2부에서 제시한 일곱 가지 질문은 통일에 대한 입장을 정할 때 주요 근거로 쓰입니다. 각 근거에 대해 가장 동의하는 의견을 선택하면 해당 의견과 가장 유사한 미래 남북관계 형태가 무엇인지 확인할 수 있습니다.

1부와 2부의 결과는 다를 수 있습니다. 왜 1부와 2부의 결과가 달랐는지 스스로 생각해 보는 것은 이 책이 의도하는 바이기도 합니다. 이러한 성찰적인 검토를 통해 자신의 입장을 다시 한번 객관적으로 생각해 보는 기회를 갖게 됩니다. 또한 통일에 찬성하는 사람이 통일을 반대하는 사람과 최종 입장이 다를지라도 어떤 부분에서는 의견이 같을 수 있다는 것을 확인할 수 있습니다.

흡수통일을 예로 들어보겠습니다. 2부의 이산가족 관련 질문에서 흡수통일은 '이산가족 문제는 통일을 해야만 해결할 수 있다'에 가깝습니다. 하지만 어떤 사람은 1부에서 흡수통일을 선택했음에도 2부에서 '이산가족 문제는 전화나 통신으로 해결할 수 있다'를 선택했을 수 있습니다. 여섯 가지 미래 남북관계 형태와 적합한 근거를 생각하다 보면, 당신의 논리적 오류를 발견할 수도 있고 이 책에는 담기지 않은 당신만의 방식대로 설명할 수도 있습니다. 사람의 생각은 공식처럼 정확히 맞아떨어지는 건 아니기 때문입니다. 다만 당신이 선택할 최종방안과 근거에 대해 당신의 언어로 풀어낼 수 있다면 충분합니다.

내 생각을 구체화하는 과정을 거친 후에 다른 남북관계 형태를 선택한 사람들과 대화를 시작해 보세요. 서로 다른 형태를 선택했다 하더라도, 2부의 각 근거를 개별적으로 대응해 보면 동일한 의견을 가진 부분을 발견할 수 있을 것입니다. 반대로 같은 형태를 선택했더라도 개별 근거에 대해 다른 의견이 있음을 확인할 수도 있습니다. 이러한 지점을 비교하며 이야기하다보면, 단순히 통일을 이분법적으로 찬성과 반대로 나누는 것보다 더 깊은 수준으로 대화할 수 있습니다.

참고로 2부에서 제시한 질문에 따른 각 주장의 내용은 실제 이 같은 주장을 하는 사람의 의견을 참고했습니다. 대표적인 의견을 적은 것이기 때문에 각 입장마다 세부적으로 다른 의견이 있을 수 있습니다.

위에서 제시하는 일곱 가지 근거 중 어떤 근거에 우선순위를 두고 있는지 확인해야 합니다.

미래 남북관계의 형태를 선택할 때 일곱 가지 근거 중 한두 가지 근거가 결정적으로 작용할 가능성이 높습니다. 예를 들어 민족적 근거가 경제적 근거보다 우선하는 사람은 경제적으로 손해가 있더라도 민족 정당성 회복을 위하여 통일을 찬성할 가능성이 높습니다. 따라서 나와 의견이 다른 상대방과 대화를 하기 위해서는 상대방이 어떤 근거를 가장 중요하게 여기는지 파악해야 합니다.

남북이 한 민족이며 한 민족은 한 국가를 이루어 살아야 한다는 데 동의한다면 다른 여섯 가지의 근거와는 상관없이 하나의 주권국가를 형성하는 '통일'을 지향할 가능성이 높습니다.

통일 문제의 입장을 결정하는 데 여전히 많은 사람은 민족을 우선 근거로 둡니다. 과거에 한 국가로 살았던 민족공동체이기 때문에 다시 결합해야 한다는 당위성이 작용하는 것입니다. 이 경우에는 다른 근거 중에서 사회통합의 긍정적인 측면, 통일을 통한 이산가족 문제 해결, 경제 발전 및 성장을 근거로 강조할 가능성이 큽니다.

물론 민족적 정당성에 대해서는 동의하지 않지만 다른 이유에서 이득이 되는 부분이 많아서 통일에 찬성할 수 있습니다. 하지만 역사적 혹은 민족적 근거가 없는 상태에서 하나의 주권국가로 정치적 통합을 추진하는 데는 동력이 부족합니다. 예를 들어 이익이 있다고 할지라도 일본이나 중국과 통일을 시도하는 것은 거의 불가능합니다. 통일에 찬성한다면 민족적 정당성에는 동의할 가능성이 큽니다.

흡수통일과 현상유지는 통일에 관해서는 정반대의 입장이지만 북한의 체제를 인정하지 않고 북한 정부와 대화가 불가능하다고 여긴다는 점에서는 입장이 동일합니다.

여섯 가지 미래 남북관계 형태 중 북한을 대화 상대로 인정하지 않는 형태는 통일에 찬성하는 입장에서는 흡수통일, 통일에 반대하는 입장에서는 현상유지가 있습니다. 통일 형태에 관해서는 입장이 정반대로 나뉘지만 북한을 바라보는 입장은 동일합니다.

그러나 두 형태는 북한 주민들의 빈곤이나 반인권적인 문제를 남한 정부가 해결할 필요가 있는지에 대한 질문에서 입장이 나뉩니다. 흡수통일론자는 민족적 혹은 인도적 이유로 남한이 북한 주민들의 인권 개선을 책임져야 한다고 생각하지만, 현상유지론자는 남한에 실제로 이득이 되는 부분이 없고 이미 다른 국가이기 때문에 남한이 통일을 통해 이를 책임질 의무는 없다고 생각합니다.

연방제와 합의통일, 평화체제와 연합제는 통일에 관해서는 입장이 나뉘지만 북한 정부와 대화·협력을 통해 한반도의 평화를 추구한다는 점에서 입장이 동일합니다.

이 부분을 통해 북한을 대화와 협상이 가능한 대상으로 바라본다는 것이 곧 통일을 지지하는 것과 같은 의미가 아니라는 것을 알 수 있습니다. 2018년 평창동계올림픽 이후 남북관계가 개선되자 젊은 연령층에서 북한과 대화가 필요하다고 생각하는 비율이 높아지고 있다는 설문조사 결과가 발표되었습니다. 그러자 해당 결과를 통일을 긍정적으로 생각하는 사람들이 늘어났다는 식으로 해석하는 보도가 이어졌습니다. 하지만 북한을 대화와 협상이 가능한 국가로 보는 것과 통일은 별개의 사항입니다. 북한 정부와 협력하는 것에 찬성하는 사람들은 통일과 별개로 평화로운 한반도를 만드는 것을 목표로 합니다.

통일을 찬성하는 입장 중 연방제와 합의통일은 남북이 하나의 체제로 합의할 것인지 서로 다른 체제를 인정하고 갈 것인지에 따라 입장이 달라집니다.

사실상 연방제와 합의통일은 통일 이후 지금의 남북의 체제를 인정할 것인지, 제3의 체제에 새롭게 합의할 것인지에 대한 결정 외에는 동일한 입장을 보일 가능성이 높습니다.

통일을 반대하는 입장 중 평화체제와 연합제는 남북이 국가연합이라는 형태까지 지향할 것인지에 따라 입장이 달라집니다.

평화체제와 연합제는 통일을 반대하면서 북한과의 관계 개선 가능성을 염두에 둔다는 면에서 입장이 동일합니다. 다만 연합제를 지지하는 사람들은 언어·역사·지리적 이점을 근거로 북한과 함께 누릴 수 있는 상호이익이 많다고 생각합니다.

이제 최종 선택이 남았습니다. 최종 선택은 온전히 자유롭게 하시면 됩니다. 1부와 2부는 최종결정을 위한 사고를 도와주는 과정일 뿐, 특정 '정답'을 도출해내는 수식은 아닙니다. 지금까지의 활동을 한 번 되돌아보고 당신의 입장을 정해보세요.

1부
6가지 미래와 당신의 선택

선택하기

해제 읽기

2부
7가지 질문과 당신의 근거

선택하기

해제 읽기

최종결정하기

최종결정하기

지금까지 진행한 모든 활동을 참고하여 최종결정하세요.

- ○ 흡수통일
- ○ 연방제
- ○ 합의통일
- ○ 현상유지
- ○ 평화체제
- ○ 연합제

투표 결과 발표날
앞으로 어떡하죠?
예상 밖의 결과?
C News
일만 명의 선택이 내려졌다!
m News
예상된 결과였나!
K News
국민들은 ㅇㅇㅇ을 선택했다.
TALK
뉴스 봄? 이제 우리 망함
저거 내가 고른거임
오 속보떴다!
평화경제로 일본을 뛰어넘자
북한 거지떼가 몰려온다
조작 아니야?
뉴스 봤어?
에잉~! 쯧쯧... 나라가 어찌 될런지...

아싸~ 내가 고른건데~
쳇…
이게 말이 돼? 건 진짜 예상 밖인데…
근데 ㅇㅇㅇ로 되면 어쩌자는건데?
내가 ㅇㅇㅇ로 라고 했지?
METHE MATIKUM
MOSS BURGER
SQUARE
CROSSFIT

오늘 통일 그거
발표 한다고 하지 않았어?
요즘 주식시장이 난리던데.
네, 그렇다던데요.
TV 틀어볼까요?
연합체인지
연방제인지
뭐 알 수가 있어야지.
저도 잘 모르겠더라고요.
동생오면 물어볼까요?
투표한다고
공부 많이 하는 것 같던데.

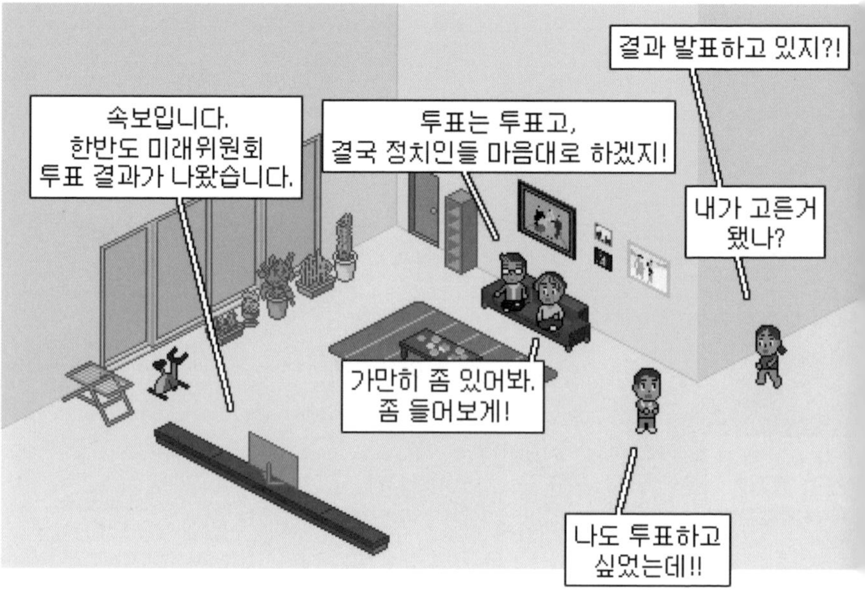
속보입니다.
한반도 미래위원회
투표 결과가 나왔습니다.
투표는 투표고,
결국 정치인들 마음대로 하겠지!
결과 발표하고 있지?!
내가 고른거
됐나?
가만히 좀 있어봐.
좀 들어보게!
나도 투표하고
싶었는데!!

한반도의 미래는
ㅇㅇㅇ으로
결정되었습니다!

…
컷!
촬영 끝입니다!

고생하셨습니다!
수고하셨어요.
감사합니다~

안녕하세요?
저희는 이 책을 쓴
힐데와 소피입니다.

이 책을 읽으면서 한반도 미래에 대한 입장을 정리하는 데 도움이 되셨나요?
과연 여러분이 어떤 결정을 하셨을지 궁금합니다!
QR코드를 이용하거나 ioosurvey.com으로 접속하세요
참여코드는 hello world
여러분의 입장을 중앙의 링크를 통해 공유해주세요.
참여하신 모든 분들의 투표결과도 보실 수 있습니다.
여러분의 참여를 기다리겠습니다. 감사합니다!

나가는 글

2016년 8월 영국은 국민투표로 유럽연합의 탈퇴를 결정합니다. 영국 국민의 72.2%가 이 투표에 참여했고, 그중 51.9%가 유럽연합의 탈퇴에 찬성했습니다. 48.1%는 이를 반대했습니다. 그런데 2019년 조사YouGov right/wrong to vote for Brexit tracker, 11-12 Nov 2019에서는 2016년의 결과가 뒤집혔습니다. 브렉시트가 옳지 않았다는 응답이 전체의 47%, 옳았다는 응답이 41%가 나온 것입니다.

통일에 대한 당위와 열망은 시간이 흐를수록 점점 옅어져 가고 있습니다. 2019년 서울대 통일평화연구원이 실시한 통일인식조사에 따르면 '통일이 필요하다'는 응답은 53%로, '그저 그렇다'와 '필요하지 않다'는 입장은 47%로 조사되었습니다. 남북관계 상황에 따라 여론의 향방은 엎치락뒤치락하는 편이지만, 통일의 당위성은 시간이 흐를수록 옅어지고 있습니다. 언제까지 우리는 '우리의 소원은 통일'을 당연하게 이야기할 수 있을까요? 그리고 '통일'이 더 이상 당연하지 않은 그 날이 온다면 우리는 무엇을 말해야 할까요? 남북관계와 통일 문제는 지금까지 정치인이 결정하는 무거운 문제로 여겨져 왔습니다. 하지만 통일은 시민 개개인의 삶에 엄청난 영향을 미치는, 한반도 최대의 정치적 결정입니다. 민주주의 체제 내에서 정치적 의사결정의 최종 책임자는 결국 주권자인 시민 한 사람 한 사람일 수밖에 없습니다.

세상에 존재하는 어떤 민주주의도 완벽하게 모든 시민의 의사를 대변하지 못합니다. 그러나 어떤 사회든지 간에 민주주의를 채택하고 있는 사회라면 중요한 의제 합의의 정도는 시민의 관심과 숙의의 정도와 비례합니다. 브렉시트만큼이나 한반도의 통일은 사회 구성원 전반의 소통과 합의가 필요한 정치적 결정입니다. 만약 그 과정이 간과된다면, 우리도 영국이 브렉시트를 결정한 이후의 혼란 혹은 그보다 더 심한 사회갈등을 겪을 것입니다.

선택은 어려운 일입니다. 더구나 혼자만의 문제가 아닌, 오랫동안 다수의 이해관계가 얽힌 사회 문제는 더욱더 그렇습니다. 사회의 문제가 무엇인지 정의하고 그것을 의제화하는 데에도 많은 노력과 시간이 필요합니다. 그렇다고 고심해서 내린 선택이 좋은 결과를 담보해 주지도 않습니다. 선택하는 것과 선택한 내용을 현실화하는 것은 전혀 다른 차원의 문제입니다.

결국 최선의 선택은 앞으로 무엇을 해야 하는지 명확히 알 수 있는 선택, 어떤 결과가 닥치든지 그것을 마주할 준비가 된 선택이어야 합니다. 이 책의 방법론이 비록 완전하지 않을지라도 그런 대화의 물꼬를 틔운 계기가 되었기를 소망합니다. **김소피**

이 책을 만들기 위해 저희가 했던 가장 많은 활동은 독서나 글쓰기가 아닌 대화였습니다. 대화를 통해 상대방에게 숨어있는 생각과 아이디어를 발견해 내고 생각을 구체화하고 둘의 생각이 어디서부터 달라지는지에 대한 지도를 그려나가기 시작했습니다. 그 생각의 지도가 이 책의 시작이었습니다. 그리고 이어지는 대화를 통해 어떤 책을 만들 것인지에 대해 합의했습니다. 책을 쓰는 과정에서 명확한 단어와 문장을 찾지 못해 답답할 때도 대화가 이를 보완해 주었습니다. 둘이 글을 쓰다보니 겪게 되는 충돌도 몇 시간에 걸친 대화로 해결했습니다. 글을 쓴 사람으로서 할 말은 아니지만 역시 저는 말이 좋은 것 같습니다. 아니, 좋습니다.

물론 저희 둘만의 대화로 이루어진 과정은 아니었습니다. 통일에 대해 가지고 있는 다양한 생각을 듣기 위해 여러 사람을 만났습니다. 전문적인 지식이 필요할 때 앞서 진행된 훌륭한 연구들이 많은 도움이 되었습니다. 저희와 함께 이야기하고 실제적인 도움을 주신 분들께 감사를 전합니다. 특히 요룬은 저희의 복잡한 생각을 정리해 주고 단어와 문장을 찾아주고 더 나아가 자신의 통찰을 덧붙여 주었습니다. 크나그 소령은 아이디어만 들었음에도 공간을 함께 마련해 주고 유무형의 크나큰 지원을 아끼지 않았습니다. 책의 의미를 담은 표지와 삽화를 그려주신 선우훈 작가님과 저희의 생각을 구현한 웹페이지를 개발해주신 스투키스튜디오에게도 감사드립니다. 책을 읽은 독자님들과도 이미 많은 대화를 나누었다고 생각합니다. 저희는 서로 공감하고 차이를 이해하고 영향을 주고받을 때 중요한 결정을 올바르게 내릴 수 있다고 믿습니다. 책 밖의 세상에서도 만날 수 있길 바라며, 감사합니다. **오힐데**

이 책을 읽는 데 도움이 되는 연표 (1945~2022)

연도	월	일	주요 사건	대한민국
1945	8	15	한반도 독립	
	10	24	유엔 출범	
1946	3	20	제1차 미소공동위원회	
1947	5	21	제2차 미소공동위원회	
1948	2	26	유엔 소총회 개최(남한 단독 선거 결정)	
	4	3	제주 4.3 사건	
	5	10	남한 단독 선거	
	8	15	대한민국 정부 수립	이승만 (48.07.24 - 60.04.27)
	9	9	조선민주주의인민공화국 수립	
1949	10	1	중화인민공화국 수립	
1950	6	25	한국전쟁	
1953	7	27	정전협정 체결	
1954	11	17	한미상호방위조약 체결	
1955				
1956	3	26	북한, 소련과 '원자력의 평화적 이용에 관한 협정' 체결	
1960	4	19	4.19 혁명	윤보선 (60.08.12 - 62.03.22)
1961				
1962				
1963				박정희 (63.12.17 - 79.10.26)
1964				
1968	1	21	1.21 사건	
	1	23	푸에블로호 나포 사건	
1969				
1970	7	25	닉슨 독트린 발표	
	2	21	미중정상회담	
	7	4	7.4 남북공동성명	
1973	12	28	제28차 유엔 총회(언커크 해체)	
1974	9	18	북한, IAEA 가입	
1975	4	30	베트남 전쟁 종결	
	11	18	제30차 유엔 총회(남북 결의안 동시 통과)	
1976	8	18	판문점 도끼만행 사건	
1977	3	10	미국 주한미군 철수계획 발표	
	6	30	한미정상회담(주한미군 철수계획 철회)	
1978	11	7	한미연합군사령부 창설	
1979				최규하 (79.12.06 - 80.08.16)

조선민주주의 인민공화국	미국	소련, 러시아	중국
	해리 S. 트루먼 (45.04.12 - 53.01.20)	이오시프 스탈린 (24.01.21 - 53.03.05)	
김일성 (48.09.09 - 94.07.08)	드와이트 D. 아이젠하워 (53.01.20 - 61.01.20)	게오르기 말렌코프 (53.03.05 - 55. 02.08)	마오쩌둥 (49.10.01 - 76.09.09)
	존 F. 케네디 (61.01.20 - 63.11.22)	니키타 흐루시초프 (55.02.08 - 64.10.14)	화궈펑 (76.09.09 - 78.12.22)
	린든 B. 존슨 (63.11.22 - 69.01.20)	알렉세이 코시긴/ 레오니트 브레즈네프/ 니콜라이 포드고르니 (64.10.14 - 77.06.16)	
	리처드 M. 닉슨 (69.01.20 - 74.08.09)	레오니트 브레즈네프 (77.06.17 - 82.11.10)	
	제럴드 R. 포드 (74.08.09 - 77.01.20)		
	지미 카터 (77.01.20 - 81.01.20)		

연도	월	일	주요 사건	대한민국
1980	10	10	북한, 고려민주연방공화국 창립방안 발표	전두환 (80.08.27 - 88.02.24)
1981				
1982				
1984				
1985	12	12	북한, 소련과 원자력발전소건설을위한 경제·기술협력협정 체결, NPT 가입	
1988				노태우 (88.02.25 - 93.02.24)
1989				
1989	9	11	한민족공동체 통일방안 발표	
	11	9	독일, 베를린 장벽 붕괴	
1990	3	13	소련, 대통령제 도입	
	3	18	동독 총 선거	
	5	31	북한, 조선반도의 평화를 위한 군축방안 발표	
	10	3	독일 통일	
1991	11	8	남한, 한반도의 비핵화와 평화구축을 위한 선언	
	12	13	남북기본합의서 체결	
	12	25	소련 해체	
	12	31	한반도의 비핵화에 관한 공동선언 발표	
1993	3	12	북한 NPT 탈퇴의사 통보(제1차 북핵위기)	김영삼 (93.02.25 - 98.02.24)
	11	1	마스트리히트 조약 발효, 유럽연합 출범	
1994	6	15	지미 카터 전 대통령 방북	
	7	8	김일성 사망	
	12	1	남한, 평시작전통제권 환수	
1998	8	31	북한, 광명성 1호(대포동 미사일) 위성 발사	김대중 (98.02.25 - 03.02.24)
1999	5	20	미국, 제1차 금창리 지하 의혹시설 방문	
2000	6	15	남북정상회담(6.15 남북공동선언)	
2001	9	11	9.11 테러 발생	
2002	1	19	미국, 북한을 악의 축 국가로 지목	
	10	3	제임스 켈리 미 정부 특사 방북	
2003	1	10	북한, NPT 탈퇴 선언(제2차 북핵위기)	
	4	16	유엔 인권위원회, 최초 북한인권결의안 채택	노무현 (03.02.25 - 08.02.24)
	8	27	제1차 6자회담 개최	
2004	2	25	제2차 6자회담 개최	
	6	23	제3차 6자회담 개최	
	10	18	미국, 「북한인권법」 발효	

조선민주주의 인민공화국	미국	소련, 러시아	중국
김일성 (48.09.09 - 94.07.08)		레오니트 브레즈네프 (77.06.17 - 82.11.10)	덩샤오핑 (78.12.22 - 89.11.09)
	로널드 레이건 (81.01.20 - 89.01.20)	유리 안드로포프	
		콘스탄틴 체르넨코	
		미하일 고르바초프 (85.03.11 - 91.12.25) **※쿠데타(91.08.19-21) 발생으로 서기장직에서 물러나고 소련의 대통령 직함만 유지하다가 12월 25일 대통령에서 사임하면서 소련은 해체됨**	
	조지 H. W. 부시 (89.01.20 - 93.01.20)		장쩌민 (89.11.09 - 02.11.15)
		보리스 옐친 (91.07.10 - 99.12.31) ※소련 붕괴 전 러시아 공화국 대통령 선거를 진행하여 당선되었고, 소련이 붕괴된 이후 그대로 러시아 대통령직을 수행함	
	빌 J. 클린턴 (93.01.20 - 01.01.20)		
김정일 (94.07.08 - 11.12.17)			
		블라디미르 푸틴 (99.12.31 - 08.05.07)	
	조지 W. 부시 (01.01.20 - 09.01.20)		
			후진타오 (02.11.15 - 12.11.15)

연도	월	일	주요 사건	대한민국
2005	2	10	북한, 핵무기 보유 선언	노무현 (03.02.25 - 08.02.24)
	7	26	제4차 6자회담 1단계 회의 개최	
	9	15	미국, 북한의 BDA 자금 세탁 의혹 제기	
	9	19	제4차 6자회담 2단계 회의 개최(9.19 공동성명 채택)	
	11	9	제5차 6자회담 1단계 회의 개최	
	11	18	유엔 총회, 최초 대북 인권 결의안 채택	
2006	10	9	북한, 1차 핵실험	
	11	18	한미정상회담(종전선언 언급)	
	12	18	제5차 6자회담 2단계 회의 개최	
2007	1	16	북미 BDA 문제 합의	
	2	8	제5차 6자회담 3단계 회의 개최	
	2	12	미국, BDA 북한 계좌 동결 해제	
	2	13	제5차 6자회담 3단계 회의(2.13 합의)	
	3	19	제6차 6자회담 1단계 회의 개최	
	10	3	제6차 6자회담 2단계 회의(10.3 합의)	
	10	4	남북정상회담(10.4 남북정상선언)	
2008	6	27	북한, 영변 원자로 냉각탑 폭파	이명박 (08.02.25 - 13.02.24)
2009	5	25	북한, 2차 핵실험	
2011	12	17	김정일 사망	
2012	2	29	북미, 2.29 합의	
	4	13	북한, 핵보유국이 명시된 개정헌법 채택, 광명성 3호 실패	
2013	2	12	북한, 3차 핵실험	박근혜 (13.02.25 - 17.03.10)
2016	1	6	북한, 4차 핵실험	
	3	3	남한, 「북한인권법」 제정	
	6	23	영국, 브렉시트 투표	
	9	9	북한, 5차 핵실험	
2017	9	3	북한, 6차 핵실험	문재인 (17.05.10 - 22.05.09)
2018	2	9	평창동계올림픽, 남북 단일팀 참가	
	4	27	2018 제1차 남북정상회담(판문점 선언)	
	5	26	2018 제2차 남북정상회담	
	6	12	제1차 북미정상회담	
	9	18	2018 제3차 남북정상회담(9월 평양공동선언)	
2019	2	27	제2차 북미정상회담	

조선민주주의 인민공화국	미국	소련, 러시아	중국
김정일 (94.07.08 - 11.12.17)	조지 W. 부시 (01.01.20 - 09.01.20)	블라디미르 푸틴 (99.12.31 - 08.05.07)	후진타오 (02.11.15 - 12.11.15)
김정은 (11.12.17 - 현재)	버락 오바마 (09.01.20 - 17.01.20)	드미트리 메드베데프 (08.05.07 - 12.05.07)	시진핑 (12.11.15 - 현재)
	도널드 J. 트럼프 (17.01.20 - 21.01.20)	블라디미르 푸틴 (12.05.07 - 현재)	

연도	월	일	주요 사건	대한민국
2019	6	30	트럼프 대통령, 판문점에서 김정은 위원장과 회동	
2020	6	16	북한, 남북공동연락사무소 폭파	
2021				
2022				윤석열 (22.05.05 - 현재)

조선민주주의 인민공화국	미국	소련, 러시아	중국
	조 바이든 (21.01.20 - 현재)		

단행본

구갑우 외, 《좌우파사전: 대한민국을 이해하는 두 개의 시선》, 위즈덤하우스, 2010.
김연철, 《70년의 대화: 새로 읽는 남북관계사》, 창비, 2018.
김상웅, 《몽양 여운형 평전: 진보적 민족주의자》, 채륜, 2016.
김성보, 《북한의 역사 1, 건국과 인민민주주의의 경험 1945~1960》, 역사비평사, 2011.
박찬표, 《한국의 국가 형성과 민주주의: 냉전 자유주의와 보수적 민주주의의 기원》, 후마니타스, 2007.
박한식, 《선을 넘어 생각한다: 남과 북을 갈라놓는 12가지 편견에 관하여》, 부키, 2018.
브루스 커밍스 저, *The Origins of the Korean War*, 김자동 역, 《한국전쟁의 기원》, 일월서각, 1986.
송민순, 《빙하는 움직인다: 비핵화와 통일외교의 현장》, 창비, 2016.
양문수, 《북한경제의 구조: 경제개발과 침체의 메커니즘》, 서울대학교출판부, 2002.
양창석, 《브란덴부르크 비망록: 독일통일 주역들의 증언》, 늘품플러스, 2011.
유시민, 《노무현 김정일의 246분: 남북정상회담 대화록의 진실》, 돌베개, 2013.
이용준, 《북핵 30년의 허상과 진실: 한반도 핵게임의 종말》, 한울, 2018.
이종석, 《통일을 보는 눈: 왜 통일을 해야 하느냐고 묻는 이들을 위한 통일론》, 개마고원, 2012.
이종석·역사문제연구소, 《북한의 역사 2, 주체사상과 유일체제 1960~1994》, 역사비평사, 2011.
임동원. 《피스메이커: 남북관계와 북핵문제 25년》, 창비, 2015.
장달중 편, 《현대 북한학 강의》, 사회평론, 2013.
조지프 히스 저, *Enlightenment 2.0*, 김승진 역, 《계몽주의 2.0: 감정의 정치를 어떻게 바꿀 것인가》, 이마, 2017.
진희관 외, 《통일과 평화 그리고 북한》, 박영사, 2019.
통일부 통일교육원, 《2019 통일문제 이해》, 통일부, 2018.
통일연구원, 《2019 북한 인권 백서》, 통일연구원, 2019.
통합유럽연구회 외, 《인물로 보는 유럽통합사: 빅토르 위고에서 바츨라프 하벨까지》, 책과함께, 2010.
홍석률, 《분단의 히스테리》, 창비, 2012.
황장엽. 《어둠의 편이 된 햇볕은 어둠을 밝힐 수 없다》, 월간조선사, 2001.

논문·보고서

강민성, "북한의 연방제 통일방안 변천에 관한 연구," 동국대학교 대학원 석사학위논문, 2006.

강혜석, "북한의 대미 외교언어 분석: 1·2차 북핵 위기를 중심으로." 이화여자대학교 대학원 석사학위논문, 2009.

김소라, "남한의 북한인권 담론 연구," 북한대학원대학교 대학원 석사학위논문, 2008.

김유진, "통일한국의 선거제도 연구: 통일 독일의 사례를 중심으로," 고려대학교 대학원 석사학위논문, 2014.

민병웅, "한국통일에 있어서 정당의 역할 및 제도 연구: 동서독 간의 선거조약과 관련하여," 국민대학교 대학원 박사학위논문, 2015.

민주화를위한전국교수협의회·인권정책연구소·참여연대·천주교인권위원회, "북한인권의 실질적 개선을 위한 대안적 접근," 정책보고서, 2014. 11. 25.

박정호, "EU의 공동정책과 유럽통합의 심화: 공동연구개발정책의 통합효과 분석," 한국외국어대학교 대학원 박사학위논문, 2019.

신형석, "유럽통합 이론의 변천에 관한 연구," 중앙대학교 대학원 석사학위논문, 2004.

심세현, "한미연합방위체제의 형성과 구조: 한미연합군사령부의 창설과정을 중심으로," 중앙대학교 대학원 석사학위논문, 2008.

유엔 총회, "조선민주주의인민공화국 인권조사위원회 보고서," A/HRC/25/63, 2014.

이기범, "한반도 평화체제 논의에 관한 국제법적 검토," 아산 국제법 인포커스 2018, 2018.

이근관, "한반도 종전선언과 평화체제 수립의 국제법적 함의," 〈서울대학교 법학〉, 제49권 2호, 2008.

이연재, "한국 정치·사회세력의 북한 인권문제 인식," 경북대학교 대학원 석사학위논문, 2009.

이옥연, "연방제도 다양성과 통일한국 연방제도의 함의," 〈한국정치연구〉, 제24권 1호, 2015.

정성윤·이수형·이무철, "한반도 평화체제 구상과 대북정책," KINU 연구총서 17-10, 2017.

정성장, "남북한 통일과정에 대한 새로운 접근: 연합에서 연방으로," 〈황해문화〉, 제44권, 2004.

조재현, "유럽연합 시민권 개념의 발전과 전망: 사람의 자유로운 이동을 중심으로," 〈유럽헌법연구〉, 11호, 2012.

최완규, "남북한 통일방안의 수렴가능성 연구: 남북한 통일방안의 수렴가능성 연구: 연합제와 낮은 단계의 연방제," 〈북한연구학회보〉, 제6권 1호, 2002.

최철영, "한국전쟁 종전선언의 법적 쟁점과 과제," 〈성균관법학〉, 제30권 4호, 2018.

한석표, "한미군사지휘체계의 변동, 1971-1978: 유엔군 사령부 유지와 한미 연합군 사령부 창설," 서울대학교 대학원 박사학위논문, 2013.

허문영·조민·홍관희·김수암, "남북한 실질적 통합과정에서 주한미군의 위상과 역할 연구," 통일연구원 협동연구총서, 2002-01, 2002

모든 생각은 질문에서 시작한다
민주사회를 위한 경청, 경청을 위한 책을 만듭니다.

나는 통일을 땡땡 합니다

2020년 3월 31일 초판 펴냄
2020년 9월 28일 2쇄 펴냄
2023년 1월 10일 3쇄 펴냄

지은이	힐데와소피 편집부
표지·삽화	선우훈
발행인	김애란
출판사	힐데와소피
등록번호	제2021-000050호
주소	서울시 관악구 신사로 66-1, 3층
이메일	hildeandsophie@gmail.com
홈페이지	www.hildeandsophie.xyz

ISBN 979-11-969839-0-1 (03340)

책값은 뒤표지에 있습니다.